元代蒙古文化論集

袁國藩●著

臺灣商務印書館發行

目錄

十三世紀蒙人之婚姻制度及其有關問題

一、一般習俗

蒙人行一夫多妻制，凡力所能及，數目不限。

《多桑蒙古史》：「其人妻妾之數，任其娶取，能贍養若干人，即娶若干人。」

《黑韃事略》：「霆見其俗，一夫有數十妻，或百餘妻，一妻之畜產至富。」

有多至數百人者。

《多桑蒙古史》：「成吉思汗之妻妾近五百人。」「窩闊台有妻數人，妾六十人。」

《新元史》〈帖木哥斡赤斤傳〉：「烈祖幼弟，少太祖六歲……，相傳有子孫八十人。」

按：子孫既多，則妻妾爲數，必然至眾也。

諸妻中，嫡妻爲大，子亦因之爲貴。

《多桑蒙古史》：「蒙古家族中，位最高之妻，權較餘妻為大，所生子之地位，亦隨母而尊。故孛兒帖之諸子，地位優於餘子。」按：孛兒帖，太祖光獻皇后，嫡妻也。

太祖爲子孫蕃衍，嘗立法嚴懲妻妾之妒忌者。

《黑韃事略》：「成吉思立法，只要其種類子孫蕃衍，不許有妒忌者。」

《元史》〈太宗本紀〉：「六年夏五月，大會諸王百僚，諭條令曰：諸婦人……妒者，乘以騾牛，徇部中論罪，即聚財為更娶。」

唯以多妻，故皆烝報。

《馬可波羅行紀》：「父死，可娶其父之妻，惟不取生母耳。娶者為長子，他子則否。兄弟死，亦娶兄弟之妻。」

《輟耕錄》：「中書平章闊闊歹之側室高麗氏，有賢行，平章死……，正室子拜馬朵兒赤，悦其色，欲之不可得，乃以其父所有之大答納環子，獻於太師伯顏……，伯顏特為奏聞，奉旨命拜馬朵兒赤，收繼小母高麗氏。」

《新元史》〈后妃傳〉：「太祖女阿剌海別吉……，始適汪古部長長子不顏昔班，改適其兄子鎮國，再適趙王孛要合。」按：孛要合，不顏昔班之幼子也。

《元朝祕史》：「察剌孩領忽，收嫂為妻。」

《普蘭迦兒行紀》：「拔都命此叔嫂二人，依韃靼人俗成婚。嫂答曰：此事背教，寧死不從。然韃靼人強配之。」

蓋別嫁，以爲力不足以養，引以爲恥也。

《岷峨山人譯語》：「胡俗：婦喪夫，其家男子，即收為妻妾，父子兄弟不論。他適，則人笑不能贍其婦。」按：譯語乃明代之著作，十三世紀之蒙人，未必若斯。然習俗非遇強大外力，或歷時久遠，不足以使之發生巨變，故譯語所言，對元代蒙人之習俗，當不無參證之價值。

結婚無輩份之別，姐妹分嫁父子者有之。

《新元史》〈后妃傳〉：「唆魯忽帖塔尼，太宗母弟拖雷妃，憲宗世祖母也。父札合敢不克烈部長王罕弟，奔乃蠻，太祖滅乃蠻，札合敢不獻二女以降。長曰亦巴合，次即后。太祖納亦巴合，而以后賜施雷。」

姑姪姐妹，共事一夫者有之。

《新元史》〈后妃傳〉：「太祖也速干皇后，也遂皇后之姊也。」

同〈后妃傳〉：「烈祖女帖木侖……，適昌王孛秃……。太祖女火臣別吉……，適孛秃為繼室。」

同書〈后妃傳〉：「憲宗貞節皇后……早崩……。憲宗即位，即以其妹也速兒繼后。」

姑姪分嫁兄弟者，亦有之。

《新元史》〈朮赤傳〉：「斡亦剌酋，忽都哈別乞迎降……。太祖……以皇女扯扯堅，尚其子亦納勒赤。以朮赤女豁兒哈，妻亦納勒赤之兄。」

且婚寡孕婦不拒。

《新元史》〈后妃傳〉：「太祖禿該妃子與朵列格捏，均為蔑兒乞部長，脫黑脫阿長子，忽禿之妻，太祖敗蔑兒乞，虜禿該及朵列格捏。以朵列格捏賜太宗，自納禿該。」

同書〈后妃傳〉：「太祖……合答安皇后……，赤老溫之妹……。太祖滅泰亦兀赤，其夫為亂兵所殺。后望見太祖，亟呼鐵木真。太祖……以舊恩納之。」

《元朝祕史》：「孛端察兒哨到那裏，將一個懷孕的婦女，拏住……。那懷孕婦人，孛端察兒將他做了妻。」

唯嚴禁通姦。

《黑韃事略》：「相與淫奔者，誅其身。」

《蒙古與俄羅斯》：「第二不要姦淫。」按：此乃《大雅薩法典》，成吉思汗之禁令也。

頗重貞操焉。

《新元史》〈后妃傳〉：「請降，將納女於太祖。太祖使裨將納牙逆之，阻于兵……，止后途中三日。太祖疑納牙有私，欲罪之，后力自陳。既幸，知其不欺，由是益重納牙。」後太祖封賞從龍將士，納牙得除萬戶，即本此也。

《元朝祕史》：「成吉思再對納牙說……。我曾說這人省得大道理，久後一件事裏委付。如今孛斡兒出做了右手萬戶，木合黎做了左手萬戶，你做中軍萬戶者。」

復盛行親上加親。

《元朝祕史》：「成吉思欲與王罕，親厚上又親厚。故索桑昆的妹察兀兒別乞，與子拙赤。即將豁真名字的女兒，與桑昆子禿撒哈，相換做親。」

兩族互換結婚。

《元史》〈后妃傳〉：「特薛禪子按陳，賜號國舅，封王爵，有旨：生女為后，生男尚公主，世世不絕。」

以及世婚。

《元文類》〈駙馬高唐王忠武獻王碑〉：「曾祖阿剌兀思剔吉忽里……，源出沙陀雁門節度使之後。始祖卜國，汪古部人，世為部長……。武毅自齠齔，太祖偕征西域，還年十七，鎮國已卒，繼封北平王，尚齊國大長公主，仍約世婚，敦交友好，號按達忽答。」按：按達：據

《聖武親征錄》：「安答者，交物之友也。」

《元史》〈畏答兒傳〉：「按達者，定交不易之謂。」

《元朝祕史》：「凡做安答呵，便是一個性命，不相捨棄。彼此做性命的救獲，應相親相愛。」

《元文類》〈駙馬昌王世德碑〉：「按世系，王族亦啟列氏，以小字阿失行……。王家高曾

以來，載德象賢，忠事我朝，至於奕世封王，一門尚主……，銘曰：惟帝念勞，追卹其先。何以寵之，國姻世聯。何以貴之，王爵世延。」

亦間有以妻妾賜婚。

《多桑蒙古史》：「成吉思汗一夜息於阿必哈帳中……，夜得惡夢，及醒，語阿必哈曰：今得惡夢，天欲我以汝賜人。遂勸其忽怨。語畢，大聲問帳外何人番衛？是夜衛者那顏客惕，聞呼自言其名，汗命之入，告以賜阿必哈之意，客惕驚不敢對。遂以阿必哈所居之斡耳朵，並其侍從、衣物、馬群、牲畜，盡賜阿必哈……，阿必哈遂為客惕妻。」

同書：「窩闊台見之，頗賞比烈之魁梧有力……，以美女一人，賜比烈。」

與獻女爲婚者。

《新元史》〈后妃傳〉：「太祖忽蘭皇后，兀洼思、蔑兒乞部長，答以兒兀孫之女也……。太陽汗敗死，答以兒兀孫大懼，請降……，納女於太祖。」

同書〈后妃傳〉：「察合皇后，嵬名氏，西夏主李安全之女，太祖……圍中興府，安全獻女乞和。」

唯妻妾之最大來源，是戰勝敵人，妻其妻女。

《多桑蒙古史》：「成吉思汗一日問那顏不兒古赤，人生何者最樂？答曰：春日騎駿馬，拳鷹鶻出獵……，斯為最樂。汗以此問……諸將，所答與不兒古赤同。汗曰：不然，人生最大之樂，即在勝敵，逐敵。奪其所有……納其妻女也。」

《元朝祕史》：「原來不爾罕山，圍繞三匝的那三百人每，盡數殄滅了，他的其餘妻子每，可以做妻的做了妻，做奴婢的做了奴婢。」

入主中原後，始以財勢多行聘娶。

《新元史》〈燕帖木兒傳〉：「取泰定后為夫人，前後尚宗室之女四十人，有交禮三日遽遣歸者。後房充斥，不能盡識……。荒淫日甚，體羸溺血而卒。」

至古代之搶婚，蒙人亦行之。

《新元史》〈后妃傳〉：「烈祖宣懿皇后，斡勒納氏，諱阿額侖，先為蔑兒乞部人也客赤烈都所娶。也客赤烈都御后行，至斡難河，烈祖出獵見后美，與族人……共劫之……，納焉。」

同書〈后妃傳〉：「太祖既長，娶光獻皇后孛兒帖，也客赤烈都之兄，蔑兒乞部長，脫黑脫阿……，率三部蔑兒乞奇襲……，光獻皇后……為蔑兒乞人所掠，脫黑脫阿曰：也速該奪吾弟之妻，今吾等奪其子婦，可以相報矣！」光獻皇后孛兒帖，遂爲也客赤烈都之弟，赤勒格兒力士之妻。

因被搶者，頗多已婚，故不唯帶來血統問題。

《新元史》〈朮赤傳〉：「初光獻皇后孕朮赤時，為蔑兒乞人所掠，太祖乞師王罕、札木合，襲敗蔑兒乞，返光獻皇后，已而舉一子，遂名之朮赤。朮赤，譯言客也……，然卒以此為諸弟所輕，尤與察合台不協。」故朮赤以嫡長子，不得入承，蓋即因此。

且父死多被驅逐除籍，不得與祭。凡此對蒙古之政治社會，每多產生重大之影響也。

《元朝祕史》：「孛端察兒在時，將他（按：沼兀列歹）做兒子，祭祀時，同祭祀有來。孛端察兒歿了後，把林失亦剌禿合必赤，將沼兀列歹不做兄弟相待，說道：在家常川有阿當合兀良合歹人氏的人往來，真敢是他的兒子，祭祝時，逐出去了。」

關于財產，諸子、兄弟、母氏、以及庶子，均可繼承。

《多桑蒙古史》：「成吉思汗死時，遺有軍隊十二萬九千人，以十萬一千人付拖雷……。所餘二萬八千人，成吉思汗分給朮赤、察合台、窩闊台三子，各四千人，其第五子闊列堅（按：庶子）亦得四千人，其幼弟斡赤斤分得五千人……，其月額倫分得三千人。」

唯以諸子既長，多行分居。故父死，其所餘之財產、部隊，悉歸其幼子。

《多桑蒙古史》：「依俗，諸子之成年者，家長以什物畜群付之，俾其能離父居而自立。父居所餘之物，一概留給嫡妻所生之幼子，即所謂斡赤斤是也。所以，成吉思汗以其諸斡兒朵，其最貴重之衣物，自乘之馬匹，其大部分軍隊……，悉付拖雷。」

號爲竈主。

《蒙古社會制度史》：「早期的蒙古習慣，繼承者，永遠是守護爐火的末子……，被稱為『爐之主』或『家之主』。」

《新元史》〈帖木哥斡赤斤傳〉：「烈祖幼子，少太祖六歲。國語謂主竈曰斡赤斤。幼子受父母遺產，當主竈，故凡幼子稱斡赤斤。」

若幼子稚齡，則由其寡母代主一切。

《多桑蒙古史》：「成吉思汗分部兵與子弟時，拖雷所得獨多，故其勢最強。君位有人時，諸軍固歸皇帝。然缺位時，則諸軍仍奉其原屬之王為主。拖雷死後……，諸王幼時，事決其母。」

至所謂養子，多為戰時拾獲。祭祖時，然不得與祭。蓋以其非我血胤也。

《元朝祕史》：「初兀都亦惕荒走時，營盤裏，撇下一個五歲的小兒，名喚做曲出……，與了訶額侖母親。」

同書：「帖木真……路從泰亦赤兀惕處經過，泰亦兀赤惕每驚起，當夜卻回札木合處去了。營盤裏，撇下一個闊闊出名字的小兒子，咱們軍人拾得，與訶額侖母親養活了。」

家族情感，似欠友愛，棄老弱，殺兄弟，每多有之。

《元朝祕史》：「朵奔蔑兒干的哥哥，都蛙鎖豁兒有四子，同住的中間，都蛙鎖豁兒死了，他的四個孩兒，將叔叔朵奔蔑兒干，不做叔父般看待，撇下了他，自分離起去了。」

同書：「阿蘭豁阿歿了，兄弟五個的家私……，只四個分了。見孛端察兒愚弱，不將他做兄弟看待，不曾與分。」

同書：「帖木真釣得一個金色魚兒，他異母弟別克帖兒、別勒古台兩個，奪了去。帖木真……說：昨前射個雀兒，也被奪了。今遭釣得個魚兒，又被他奪了，似這般呵，一處怎生過！帖木真……將別克帖兒射死了。」

二、結婚儀禮

蒙人行族外婚姻制。

《蒙古與俄羅斯》：「氏族的男子，均屬父系，採族外婚制。族內成員間之結婚，是被禁止的，故新娘必來自其他氏族。」「一個氏族中，家族增加過多時，則另分成一個支族。此一個新氏族，亦承認其共同祖先，故本氏族與分支氏族間之子女，不得結婚。」

《元朝祕史》：「帖木真九歲時，他父親也速該，將他引往母舅斡勒納忽氏處索女兒，與帖木真做妻。」按：斡勒忽納氏，爲蒙古都兒魯斤諸部之一。復按：凡與成吉思汗同出一源之諸部，皆別號尼倫，表示其來源純潔。其餘蒙古諸部，則稱都兒魯斤。故斡勒忽納氏，與成吉思汗之孛兒只斤氏，非同出一源，當可通婚。

《元文類》〈丞相東平忠獻王碑〉：「忠獻王諱安同，姓札剌爾氏，五世祖是為忠宣王（按：木華黎），親連天家，世不婚姻。」按：札剌兒氏與尼倫部非同出一源，元明善所謂「親連天家，世不婚姻。」未知何本？待考。

因馬上行國，牧地遼闊。

《多桑蒙古史》：「此種遊牧民族，因家畜之需要，常常不斷之遷徙，一旦其地牧草已罄，則卸其帳……，載之畜背，往求新牧地。各部落各有其地段，有界限之。在此段內，隨季候而遷徙。春季居山，冬季，則近平原。」

《黑韃事略》：「霆所過沙漠，其地自韃主、偽后、太子……以下，各有疆界……，分管草地。」

《長春真人西遊記》：「人煙頗眾，亦皆黑車白帳為家，其俗牧且獵，衣以韋毳，食以肉酪。」

故求婚，不唯需跋涉甚遠，倍極辛苦。

伯希和謂：「在禿兀剌河、斡難河、怯綠連河之上源，肯特山一帶，為蒙古之孛兒只斤部所居地方，此族即產生成吉思汗之蒙古族。在孛兒只斤部族之周圍，斡難河及音果達河流域一帶，東迄怯綠連河，抵貝加爾湖，則散處其他蒙古部族……，多兒勒斤之部落。蒙古部之東，大興安嶺之北，有塔塔兒部。塔塔兒之東負山，在呼侖淖爾附近，有翁吉剌部。其西南，近長城有汪古部。在蒙古部之西北，居今色楞格河及鄂爾坤河流域者，有蔑兒乞部。其南有客烈部，貝加爾湖西岸，有斡亦剌部，祕史統稱禿緜斡亦剌。此外，在蔑兒乞部之南，克烈之西，北負阿爾泰山，南抵沙漠者，有乃蠻族。」故諸族求婚外族，恒得跋涉甚遠也。且每易爲仇家所乘。

《元朝祕史》：「補魚兒海子，闊連海子，兩個海子中間的河，名兀兒失溫，那邊住的塔塔兒一種人。俺巴孩將女兒與他，親自送去，被塔塔兒拿了，送與大金家……。俺巴孩去時……，說道……，我是眾百姓的主人，為送女兒上頭，被人拏了，今後以我戒。你每將五個指甲磨盡……，也與我每報仇。」

同書：「也速該回去，到扯克扯兒地面，遇著塔塔每做筵席，因行得饑渴，下馬住了。不想塔塔兒每認得，說：也速該乞顏來了，因記起舊日被擄的冤仇（按：也速該曾擄塔塔兒之帖木眞兀格豁里不花等），暗裏和了毒藥與吃了……。也速該說……，將帖木真（送）去做女婿，回時，被塔塔兒家，暗毒害了……，說罷死了。」

求婚時，男方家長，需攜子親赴女方。

《元朝祕史》：「德薛禪問說：也速該親家，你往那裏去？也速該說：我往兒子母舅斡勒忽納氏，索女子去（按：求婚也）……。德薛禪說……，也速該親家，我家裏有個女兒，年幼小哩，同去看來……。到了他家裏，見他女兒生得好……，當日就在他家宿了。第二日，也速該向他索這女子。」

及允婚，乃以牛羊馬匹，納采給聘。

《多桑蒙古史》：「欲娶女者，以約定家畜之數若干獻之與女家兩親。」《夷俗記》：「夷中嫁娶……，其聘儀，則取牛馬牲畜，近（按：明代）亦知具幣帛。以貧富而豐儉其數。」按：《夷俗記》，乃蕭大亨記載明代蒙古風俗之作，雖成於十六世紀之嘉靖年間，然對十三世紀蒙人之婚姻制度，不無參證之價值也。

留其子以歸。

《蒙古與俄羅斯》：「德薛禪，他一個女兒名孛兒帖，雖極幼年（按：十歲），已極美麗。雙方訂親後，按蒙古舊俗，將帖木真留於其岳之家。」《元朝祕史》：「我將女兒與你兒子，你兒子留在這裏做女婿，兩家相從了。也速該說：我兒子怕狗，休教狗驚著，就留下一個從馬，做定禮了。」

迨數年後，始於女家舉行婚禮。

《蒙古與俄羅斯》：「他決定迎娶他的未婚妻，那時他約十八歲。德薛禪實踐他的諾言，舉行婚禮後，鐵木真將孛兒帖迎回。」按前述，成吉思汗九歲訂婚後，即留於岳家。然以乃父返家途中，爲塔塔兒人所毒斃，故旋即被迎返己家。設非當此大變，成吉思汗當留岳家多久，待考。唯按《契丹國志》云：「既成婚，留于婦家，執僕隸役三年，然後以婦歸。」故蒙金俗習，頗多近似，留岳家執役數年，當無庸置疑。

斯時，置酒高會，祭天宴親。

蕭大亨《夷俗記》：「其成親，則婿往婦家，置酒高會，先祭天地，隨宴諸親友。」所謂飲布渾察兒，華語：吃許婚酒也。

《元史》〈太祖紀〉：「王罕父子欲害帝，遣使者來曰：向者所議婣事，今當相從，請來飲布渾察兒。布渾察兒，華言許婚酒也。」按「布渾察兒」，《元朝秘史》之「不兀勒札兒」也。譯謂：「許婚筵席」、「定婚筵席」、「許嫁筵席」。謝譯《元朝秘史》謂：「不兀勒札兒」，意即「吃羊頸喉肉」。「蒙古青年男女結婚之日起，連吃三天羊頸喉肉……。頸喉肉的筋骨很堅韌，由它祝賀夫妻百年好合。故吃羊頸喉肉，意思即先吃男女成婚的喜宴。」

富貴之家，每亦盛況空前焉。

《長春真人西遊記》：「時有婚嫁之會，五百里內首領，皆載馬潼助之，皂車氈帳，成列數千。」

逮宴畢，親友皆散，新婦即乘昏騎馬逃匿，必欲婿於曠野追獲之。

《夷俗記》：「宴畢，諸親友皆已散去，時將昏矣。婦則乘騎避匿於鄰家。婿亦乘騎追之，獲則同返婦家……。倘追至鄰家，婦以羊酒為謝，鄰家乃贈婦以馬，縱之於外，必欲婿從曠野獲之。」

既返，諸婦擁入預置之帳幕中。

《夷俗記》：「婦家預置一帳房，豎其所居之側，如貳室焉……。其（返）至婦家也，諸婦女擁抱推入幕中。」

於是乃相執羊骨，交拜天地，婚禮遂成。

《夷俗記》：「婿與婦將羊骨互相捧持，然後交拜天地。」

婚後，岳父母親送夫婦歸於男家。

《元朝祕史》：「初帖木真九歲時，與德薛禪的女兒，孛兒帖兀真相離了來。此時與弟別勒古台，順著客魯漣河尋去……。德薛禪見了帖木真，好生大歡喜說：知泰亦赤兀兄弟每，妒嫉你，我好生愁著……，說了將孛兒帖女兒，與帖木真做了妻。德薛禪與妻搠壇，同送帖木真回去了。到客魯漣兀剌黑啜勒的邊隅，德薛禪回家來了。搠壇直送他女兒，到帖木真家裏。」

富者嫁奩甚豐。

《蒙古與俄羅斯》：「他的嫁奩中，有一件極名貴的黑貂皮掛……。這件貂裘，成了鐵木真的政治工具。」

貧者隨意資遣。

《夷俗記》：「貧者隨意資送，同歸婿家。」

至媵侍之流，每亦有之。

《元朝祕史》：「那合必赤的母，從嫁來的婦女，孛端察兒做了妾。」

同書：「成吉思……對亦巴合說：你父親札合敢不，當初教廚子阿失帖木兒等，引二百人與做從嫁有來。」

及抵家，新婦盛裝，先行祭竈，然後分拜翁姑及諸長輩。

《夷俗記》：「歸時，婦披長紅衣，戴高帽，婦女前導至幕中，婦持羊尾油，對竈三叩首，即以油入竈焚之，與祭竈無異。次則拜公姑伯叔母。」

上生母禮物與公姑。

《元朝祕史》：「孛兒帖兀真，行上見公姑的禮物，將一個黑貂鼠襖子有來。」

諸長輩，亦賜衣一件，用以爲賀焉。

《夷俗記》：「公姑伯叔母，仍各送一衣為贄。」

三、因婚姻導發之重大事件

太祖幼年，眾叛親離，勢單力孤，僅有戰馬九匹而已。

《元朝祕史》：「斡兒伯莎合台那兩個夫人道……，論來呵，可將這母子每撇下在營盤裏……第二日起行……，果然將他母子每撇下了……。訶額侖親自上馬，教人拿了英（按：纓）槍，領著人去，將一半人邀下了。那一半邀下的人，也不肯停住，都隨著泰亦赤兀去了。」

雖王罕嘗受惠于乃父，

《聖武親征錄》：「汪可汗殺戮昆弟，其叔父菊兒可汗，率兵與汪可汗戰……，逼汪可汗於哈剌溫隘，敗之，僅以百騎，奔葉速該（按：太祖父）可汗。葉速該可汗親將兵，逐菊兒可汗走西夏，復奪部眾歸之。汪可汗感德，遂盟安答。」

然得其庇護與支持，實端賴獻孛兒帖之貂裘，始克乃爾。苟非此，太祖或將困危一生，終無所成。此固因婚姻，所導發之首一重大事件也。

《元朝祕史》：「在前俺的父親也速該皇帝，與客列亦惕種的王罕契合……，于是帖木真……見了王罕說……今將我妻上見公姑的禮物將來……，王罕見了襖子，大歡喜說道：你離了的百姓，我與你收拾……我心下好生記著。」

至後日統一東蒙之四大戰役，除與札木合之戰外，殲塔塔兒，夷蔑兒乞，併有王罕之眾，亦無不爲婚姻所導致。蓋蒙人與塔塔兒之結怨，其先固因塔塔兒巫醫，治人致死。

《元史譯文證補》：「賽因特斤噶族，聘塔塔兒巫者，乞兒佈圖依治之，不效而死，殺巫者。塔塔兒人怒，以是媾兵。哈不勒汗（按：成吉思汗之曾祖）六子，助母族與塔塔兒戰。」

然俺巴孩送女完婚，爲其所執，終爲金人釘死于木驢。

《元朝祕史》：「俺巴孩（按：與成吉思汗曾祖哈不勒汗，爲再從兄弟，共曾祖海都）將女兒與他，親自送去，被塔塔兒拿了，送與大金家……，俺巴孩……，說道……，我是眾百姓的主人

（按：斯時俺巴該，繼哈不勒汗，爲蒙古諸部之汗）……你每將五個指甲磨盡……，也與我報仇。」

《元史譯文證補》：「掩巴孩娶婦塔塔兒，部人乘機報怨……擒之，獻於金。金正以殺使為憤，乃製木驢，釘之於驢背。」

以及也速該攜子求婚，返家途中，爲其部眾所毒斃，實爲最大之造因。

見本文三段「每易為仇家所乘」引文。

故太祖有眾之始，聞金人將攻塔塔兒，立聯王罕，乘機大破之。

《元朝祕史》：「大金因塔塔兒，篾古真薛兀勒圖等，不從他命，教王京丞相來剿捕……。太祖說：在前塔塔兒將我祖宗廢了的冤仇有麼道，如今趁這機會，可以夾攻他。遂使人對脫斡鄰（按：王罕）說……，脫斡鄰許了……，塔塔兒……被太祖、脫斡鄰攻破，將塔塔兒蔑古真薛兀勒圖殺了。」

及勢大，乃盡屠其丁壯，擄其婦孺以歸。

《元朝祕史》：「狗兒年秋，成吉思……勝了塔塔兒……，并四種奧魯（按：軍人之意。劉郁《西遊記》：過里丑城，征西奧魯屯駐於此）擄盡……成吉思既擄了四種塔塔兒，密與親族共議，在先塔塔兒有殺咱父親的仇怨，如今將他男子，似車轄大的，盡誅了，餘者各分做奴婢使用。」

逮與蔑兒乞之戰，初因乃父搶蔑兒乞人之妻以爲后。

《元朝祕史》：「三種蔑兒乞惕，領著三百人來時……，繞了不而罕山三遭，拏不得帖木真，只得了孛兒帖，將去配與赤列都弟，赤勒格兒力士為妻。」

遂致太祖乞師王罕、札木合。

《元朝祕史》：「帖木真……前往……王罕處去，到了說：不想被三種蔑兒乞惕每，將我妻子擄要了。皇帝父親，怎生般將我妻子救與麼道……。帖木真使合撒兒，別勒古台往札木合行去，教對他說：我的妻子被蔑兒乞惕每擄要了，咱每本是一宗族的人，這等冤仇如何報？」

以重兵奇襲，而大破之。

《元朝祕史》：「王罕說：我這裏起二萬軍馬做右手，教札木合起二萬軍馬做左手，相約的日子，教札木合定奪來。」

同書：「咱們可用豬鬃草拴做筏子，徑直渡過勤勒豁河（按：今楚庫河支流齊蘭河），到蔑兒乞惕、脫黑脫阿地面裏，自也房子的天窗處（按：居高建瓴之勢也）入了去。」

蔑兒乞人，得以脫遁者，僅其部長數人而已。

《元朝祕史》：「脫黑脫阿睡的時間，也可以拏得來。因渡勤勒豁河去，河邊有脫黑脫阿打漁捕獸的人，連夜先去報知，所以脫黑脫阿就與歹亦兒兀孫幾個人，罄身順著薛涼格河，走入巴爾忽真地面。」

復加追擊，蔑兒乞終爲之滅絕。

《多桑蒙古史》：「一二一六年……，命統將速不台，往征蔑兒乞末王脫脫之弟及三子……，進至嶄河，敗之，盡殲蔑兒乞部，殺脫脫之弟忽禿，及脫脫之二子，擄脫脫之第三子忽勒禿罕……。忽勒禿罕，號麥兒堅（按：善射者）……，朮赤驚其能，遣使求父免其死，成吉思汗言：敵種之後不可留，遂殺之。」

迨戰王罕，初因互婚不諧，相與失歡。

《元史》〈太祖本紀〉：「帝欲為長子朮赤，求婚於王罕女抄兒伯姬。王罕之子（按：孫之誤）禿撒合，亦欲尚帝女火阿真伯姬，俱不諧，自是頗有違言。」

繼因札木合媾煽。

《聖武親征錄》：「札木合聞之，從說亦剌合（按：王罕子）曰：吾按答（按：太祖）常遣使通信於乃蠻太陽可汗，時將不利於君，今若能加兵，我當從旁協助。」

致桑昆詐爲許婚，陰謀執帝。

《元朝祕史》：「於是桑昆與眾人商議……，如今可約定日期，請他吃許婚筵席，來時，就這裏拿了。」

迨事洩，

《元朝祕史》：「也客扯連來家說：如今共議定了，明日要拿帖木真……。說時，有放馬的人巴歹，送馬乳來，聽得……。到帖木真的帳房後，將也客扯連父子說的都說了。」

乃與王罕決戰。

《聖武親征錄》：「即整兵出戰，先敗朱力斤部眾……，又敗火力失烈門太石眾，進逼汪可汗護衛。其子亦剌合（按：桑昆），馳來衝陣，我軍射之中頰，勢大挫，斂兵而退。」

後復遣使偽降，以探虛實。

《聖武親征錄》：「上遣使哈柳答兒，抄兒寒二人，往汪可汗所，假為上弟哈撒兒語之曰：瞻望我兄，遙遙勿及，遂捷沙徑，不知所從……，吾終將歸王父也。汪可汗因遣使亦禿兒干……與之盟。」

遂以奇襲，併有其眾。

《聖武親征錄》：「上因二使（按：哈柳答兒、抄兒寒）為嚮導，領兵夜馳……，出不意破汪可汗，軍盡降……。汪可汗僅子及數騎脫走。」

此外，太祖子孫，累世失和：朮赤之與察合台。

《新元史》〈太祖本紀〉：「十四年親征……，也遂皇后請擇諸子，定嗣大位……。首問朮赤：汝為長子，有何言？朮赤未及對，察合台言：彼蔑兒乞種，兒輩安能下之。朮赤大怒，謂察合台曰：汝除剛強外，有何能？與汝較射，如勝我，則斬我姆指。與汝搏，勝我，則我甘伏地不起。兄弟洶洶相對，太祖默然。」

拔都之與貴由。

請參閱拙作〈十三世紀蒙人之飲酒之習俗儀禮及其有關問題〉。

以及拔都杯葛定宗之入承。

參閱同前。

憲宗因拔都之力，得以即位，致帝系爲之轉移。

參閱同前。按：憲宗蒙哥，拖雷子，既即位，帝系遂自太宗而易爲拖雷一系。復按蒙哥之立，固因蒙古將校，率爲拖雷舊部，乃母亦甚得拔都尊敬，然拔都因血統問題，兩代受辱，向定宗報復，亦爲決定因素之一。

與夫後世諸王之叛變，使金山南北，不奉正朔者，垂五十年之久。北邊干戈擾攘，歷三世乃已。

《新元史》〈太宗諸子傳〉：「海都自以太宗嫡孫，不嗣大位，心常鞅鞅……，至元廿三年，海都、篤哇聯兵入寇……。自海都叛，金山南北，不奉正朔者垂五十年。」「失烈門，自幼為太宗所愛……，憲宗即位……，與定宗二子……謀作亂，訊鞠得實，謫失烈門。」同書〈定宗諸子傳〉：「忽察，定宗長子……立憲宗，忽察心不能平，謀作亂，憲宗即位，藏兵車中，載之至，事覺……免死。」「禿魯……聞其父禾忽（按：定宗子）已附海都，，即於十四年冬，舉兵叛。」按：太宗定宗諸王之叛變，雖因憲宗之立，然正本溯原，實造因於婚姻與血統問題。蓋拔都受辱而報復，使彼等不得入承也。

凡此，皆造因於婚姻，且對蒙元及亞洲歷史，無不有深厚之影響也。

（原載民國五十七年十一月《大陸雜誌》三十七卷十期）

元代蒙人之喪葬制度

一、成吉思汗之喪

十三世紀之蒙俗，祭祖，則長子主之。

《蒙古與俄羅斯》：「氏族長，是長支中的長子，傳統上執行祭祀之職，其中最尊貴者，則予以別乞之尊稱。」

《蒙古社會制度史》：「巴阿鄰氏，是孛端察兒的長支孛端察兒的長子巴里歹，他就是巴阿隣氏的始祖。所以，在成吉思汗的同族中，也就是孛端察兒子孫的孛兒只斤氏中，在成吉思汗時代，居於長老地位的只有老翁兀孫。」

《新元史》〈豁兒赤兀孫傳〉：「既而部眾推太祖為可汗……，乃教豁兒赤兀孫……為萬戶。蒙古俗以別乞為尊，別乞者，服白服，騎白馬，位在眾人上，歲時主議。太祖以其巴阿鄰氏之長子，賜別乞之號。」

父母死，則幼子主喪。蓋子長，已析產分居，唯幼子隨父母家居，故又號家之主也。

《多桑蒙古史》：「依俗諸子之成立者，以什物畜群付之，俾其能離父居而自立。父居所餘之物，一概留給嫡妻所生之幼子。」

《蒙古社會制度史》：「父母的遺產，分給諸子，尤其幼子享有特權……。末子應獲得父親的基本財產，所以，末子被尊稱為額真（家之主）。末子是爐火的守護者，所以被稱為爐之主。」

《新元史》〈帖木哥斡赤斤傳〉：「烈祖幼子，少太祖六歲，國語謂主竈，曰斡赤斤，因稱帖木哥為斡赤斤那顏。」

所以，成吉思汗既崩，拖雷遂因遺命，秘不發喪。

《多桑蒙古史》：「至是，諸子唯拖雷在側，汗臨危……。囑諸將，死後秘不發喪，待唐兀主來謁，執殺之。」

僅遺使訃告諸王將相，通令漠北會葬。

《多桑蒙古史》：「諸宗王公主統將等，得拖雷訃告，皆自此廣大帝國之各地，奔喪而來，遠道者三月始至。」

後世子孫，亦因大汗之遺命，沿為故事。

《多桑蒙古史》：「貴由（按：定宗）死，在訃告諸王以前，秘喪不發。」

至大殮，成吉思汗卒，似曾議行天葬。

《伊克昭盟志》：「民國二十四年，達拉特旗團長森蓋，曾掘地得一鐵質小櫃，內藏剝蝕凋殘黃色破書一本，經譯成國文，但已殘缺不完，是書為元將突拔都的《隨征記》。其中記云：大汗出征至××，突薨。阿爾××率眾叛，臣民哀痛。因大汗×××，×××議舉天葬。」

同書〈禮俗〉：「野葬，這是蒙古原有的葬法，就是把死者的屍體棄於山巔或深谷，任鳥獸啄食……。三日後，再去看視，如已為鳥獸食盡，認為死人升天獲福，不勝欣慰。不然則以生前罪孽深重，昊天不收，復請喇嘛誦經贖罪，超度亡魂。」

用銀棺。

《伊克昭盟志》：「成靈是一個長方形的銀棺，長三尺三寸，寬一尺五寸，高約一尺四寸，外面鏤有薔薇花紋，用銅鎖鎖著。誰如果打開銀棺竊看，定遭神譴，犧牲牛馬，蒙古人都這麼相信著。」按：今日伊克昭盟之成靈，若非內安大汗之衣冠，則必爲天葬後之遺骸。蓋三尺之棺，絕無法以安放大汗之遺體也。雖據《伊克昭盟志》〈禮俗〉謂：「土葬，即將死者，納於木棺，而葬之於土中。惟富且貴者，有以木製坐棺，以白布纏死，立坐棺中。」然成靈，高僅一尺四寸，故即爲「坐棺」，亦無法安放身材魁偉之大汗遺體也。

殉以所用之武器。

《伊克昭盟志》〈元將突拔都的隨征記〉：「大汗出征至××，突薨……。丞相奉汗衣冠寶劍，薰沐置七寶箱內（按：當即今之銀棺），使神駝載運，擬葬××××。」

及其後世，則即其御帳，殮於其中。

《元史》〈國俗舊禮〉：「凡帝后有疾危殆，度不可愈，亦移居外氈帳房，有不諱，則就殮其中。」

棺用楠木兩塊，鑿空以似人形，髹之以漆，俾納遺體於其中，不類中原之制。

《草木子》〈歷代送終之禮〉：「元朝宮裏，用梡木兩塊，鑿空其中，類人形大小，合為棺，置遺體其中，加髹漆。」

《元史》〈國俗舊禮〉：「凡宮車宴駕，棺用香楠木，中分為二，刳肖人形，其廣狹長短，僅足容身而已。」

服用貂皮爲襖，餘若靴襪等，則悉以白皮爲之。

《元史》〈國俗舊禮〉：「殮用貂皮襖，皮帽，其靴襪繫腰盒鉢，俱用白粉皮為之。」

棺內，殉以金製之日用器皿。

《元史》〈國俗舊禮〉：「殉以金壺瓶二，盞一，碗楪匙筯各一。」

外則以金箍四道束之。

《草木子》〈歷代送終之禮〉：「棺……加髹漆畢，則以黃金為圈二圈。」

《元史》〈國俗舊禮〉：「殮訖，用黃金為箍四條束之。」

復用納失失覆其上，於是大殮遂成。

《元史》〈國俗舊禮〉：「覆棺亦用納失失為之。」按：納失失，亦即納赤思，金緞也，爲元代織錦中之尤貴者。按：即馬可波羅所謂：「金和絲織的布」，《元史》輒以「金織」、「金錦」稱之。乃以黃金製成細絲，與諸色絲線所織成。

別失八里，蕁麻林，均設局以製之。

《元史》〈官志〉：「別失八里局，從七品，大使一員，副使一員，掌織造御用領袖，納失失等緞，至元十三年等置。」

同書：「弘州蕁麻林納失失局……，至元二十五年，招收析居放良等戶，教習人匠，織造納失失，於弘州、蕁麻林二處設局……（兩地）相去百餘里。」

既殮訖，則柩用輿運，以納失失爲簾。

《元史》〈國俗舊禮〉：「輿用白氈青緣，納失失為簾。」

用女巫牽「金靈馬」以爲前導，遂歸葬漠北。

《元史》〈國俗舊禮〉：「前行用蒙古巫媼一人，衣新衣，騎馬，牽馬一匹，以黃金飾鞍轡，籠以納失失謂之金靈馬。」《續通典》以為：「元喪事，例靈馬走唱，即挽歌之遺。」

途中，日三祭。獻牲用羊，奠以馬湩。

《元史》〈國俗舊禮〉：「日三次，用羊奠祭。」

同書〈祭祀〉：「其祖宗祭享之禮，割牲奠馬湩，以蒙古巫祝致詞，蓋國俗也。」按：馬湩，酒也，以馬乳釀造而成。又稱馬孀子，亦曰忽迷思。

因不欲大汗之死訊外洩，乃下令止行人，斷交通。

《多桑蒙古史》：「窩闊臺死，斡耳朵附近通道，皆命人監守，不許人外出。分遣驛使馳赴各地，飭令在道旅客，止於所至之地。」

同書：「貴由死……，斷絕交通，留止行人，遣使者以凶問，馳告莎爾合黑帖尼（按：拖雷之遺孀，憲宗蒙哥，世祖忽必烈之生母），及宗王拔都。」

途中日有所遇，無論人畜，一律殺之以殉。蓋以爲可使之往事故主也。

《多桑蒙古史》：「諸將奉柩歸蒙古，不欲汗之死訊，為人所知，護柩之士卒，在此長途中，遇人盡殺之。」

《馬可波羅行紀》：「凡運大汗之柩，葬於阿勒篩山中者，護柩之人，在道遇途人，盡殺之。殺時語之曰：往侍吾主。此輩以為被殺之人，侍從故主，如同生時。其所殺者，不僅人類，道遇馬匹亦殺之，供其故主之用。」

據傳聞，有殺戮逾萬者。

《馬可波羅行紀》：「今汗之前汗——蒙哥之柩，遷葬之時，護柩之士卒，在道所殺之人數，逾二萬。」

迨抵克魯倫河之大斡耳朵，乃分陳靈柩於諸后之帳中。

《多桑蒙古史》：「至怯綠連河源成吉思汗之大斡耳朵，始發喪。陸續陳柩於其諸大婦之斡兒朵中。」按：斡兒朵，即《遼史》之「斡魯朵」，《金史》之「斡里朵」《長春眞人西遊記》之「窩里朵」，《黑韃事略》之「窩裏陀」。《遼史國語解》曰：「斡魯朵，宮也。」《黑韃事略》曰：「窩裏陀，猶漢移蹕之所。」因帝王所居，故義為宮殿、行宮，實即蒙古包也。

於是，乃大舉發喪。

《多桑蒙古史》：「諸將奉柩歸蒙古……，至怯綠連河源，成吉思汗之大斡兒朵，始發喪。」

按：怯綠連河，即《元朝秘史》之「客魯漣河」，《聖武親征錄》之「怯綠連河」，《元史》之「驢駒河」，《長春眞人西遊記》之「陸局河」，《張德輝嶺北紀行》之「驢駒河」，《劉郁西使記》之「龍居河」，明《金幼孜北征錄》之「飲馬河」，今日克魯倫河，源出於肯特山之南麓，與鄂嫩河，為黑龍江之南北兩源。復按大斡兒朵，有龍庭、首都之意。蓋耶律大石，建西遼，都虎思斡魯朵，中原視之，即所謂龍庭單于城也。

及至葬地，開土為壙。所出之土，則依次序排列之。

《多桑蒙古史》：「至所葬陵地，其開穴所起之土塊，依次序排列之。」

用美女及生前所御之戰馬、武器、衣服，並帳中之一切用品，以殉之。

《多桑蒙古史》：「命依俗祭祀成吉思汗之靈三日，於諸那顏統將之家，選美女四十人，盛其衣飾，遣之往事成吉思汗於地下，並以駿馬殉之。」

馮承鈞引 Jean De Mandeville 書：「大汗死……，凡帳中諸物，皆與帳並葬穴內。」

復以出土之反次序，並棺埋之。若有餘土，則遷之他處。

《多桑蒙古史》：「棺既下，復依次掩覆之。其有剩土，則遠置他所。」

因不欲其葬地為人所知，故不唯不封不樹。

《易經》〈繫辭〉曰：「古之葬者，……，不封不樹。」

《周禮疏》曰：「不積土為封，不標墓為樹。」按：亦即不積土起陵，樹碑標墓也。

且使萬馬蹴平。

《黑韃事略》：「其墓無塚，以馬踐蹂，使如平地。」《草木子》：「送至直北園寢之地，深埋之，用萬馬蹴平。」

待來春，則墓地已草木繁茂，蔓同平坡，不復可考矣！

《多桑蒙古史》：「葬後，周圍樹木叢生，成為密林，不復辨墓在何樹之下。其後裔數人，復來葬於同一林中。」

《草木子》：「俟草青方解嚴（按：指葬地戒嚴也），則已蔓同平坡，無復考誌遺跡。」

唯子孫爲確知其葬地，葬時，殺駝子於其上，欲祭時，則使駝母爲導，視其悲鳴處，即其地也。

《草木子》：「其國制……，葬畢……，殺駱駝子於其上……，欲祭時，則（以）所殺駱駝之母為導，視其躑躅悲鳴之處，則知葬之所矣！」

復插箭爲垣，周廣三十里。

《黑韃事略》：「若忒木真之墓，則插矢以為垣，闊踰三十里，邏騎以為衛。」

以兀良哈千人守之。邏騎以爲衛，設供帳以祭之。

《多桑蒙古史》：「命兀良哈千人守之，免其軍役，置諸汗像於其地，香煙不息。」

《伊克昭盟志》：「成靈的守護者，名達爾扈特。達爾扈，蒙語護衛之意，特表示多數。據說他們都是成吉思汗軍官的後裔，到元世祖時，始命彼等永居大汗陵前，作陵寢的守護者，世守勿替。原有五百戶，一半守護伊金霍洛（陵園），一半守護蘇勒定霍洛——寶庫。」

雖大斡兒朵之人，亦不得入此禁地。

《多桑蒙古史》：「他人不得入其中，雖成吉思汗四大斡兒朵之人亦然。」

《蒙古社會制度史》：「所謂禁地，或許是指汗的氏族墓地……。禁地一如其字意，局外人——無論何人，不能涉足一步。」

唯據《草木子》謂，墓地雖置衛，但來春草青，即解嚴移帳散去。

《草木子》：「葬畢……，以千騎守之，來歲春草既生，則移帳散去。」

既葬畢，則送葬之官，居五里外，日燒飯一次，三年乃返。

《元史》〈國俗舊禮〉：「送葬官三員，居五里外，日一次燒飯，致祭三年然後返。」

宮廷之中，則日兩祭，用羊，燒飯七七而後已。

《元史》〈國俗舊禮〉：「葬畢，每日用羊二次，燒飯以為祭，至四十九日而後已。」

蓋遼金之故俗也。

《續資治通鑑長編》：「朔望日，忌辰日，輒置祭，築臺，高逾丈，以盆焚食，謂之燒飯。」

《三朝北盟會編》：「所有祭祀飯食物，盡焚之，謂之燒飯。」

復因以爲死者如生，故仍爲之設帳，供食，獻乳，置馬，奉若生前。

馮承鈞引 Jean De Mandeville 行記：「韃靼人以為死者如生，所以對其帝，奉一帳以居，設饌以食之，奉乳以飲之，奉財貨以供其用，奉一牡馬以供乘騎，一牝以供產駒。」

逮新君既立，乃另立新帳。極華麗，深廣可容千人。

《草木子》：「元君立，另設一帳房，極金碧之盛，名為斡兒朵。及崩，即架閣起。新居立，復自作斡兒朵。」

《柳待制集》〈觀失剌斡兒朵御宴回〉：「毳幕承空掛繡楣，綵繩亘地製文霓，辰旂忽動祠光下，甲帳徐開殿影齊，芍藥名花圍簇坐，蒲萄沽酒折封泥，御前賜酺千官醉，恩覺中天雨露低。」自註曰：「車駕駐蹕，即賜近臣灑馬嬭子，御宴設氈殿失刺斡兒朵，深廣可容數千人。」

至先帝所御，則亦有賜之近臣者。

《元史》〈國俗舊禮〉：「凡帝后……葬後……，其帳房亦以賜近臣云。」

至其禁忌，則帝崩，諱言其名。蓋恐驚其亡魂也。

馮承鈞引 Jean De Mandeville 行紀：「皇帝死後，無人敢在其家族前，言及故主，蓋恐驚其亡靈也。」

二、諸帝之葬地

元代諸帝，葬起輦谷。

《草木子》：「元諸帝陵，皆在起輦谷。」

《輟耕錄》：「太祖應天啟運聖武皇帝，諱鐵木真，國語曰成吉思……，在位二十六年，壽六十八，葬起輦谷。」

《元史》〈世祖本紀〉：「三十一年……，帝崩紫檀殿，在位三十五年……，葬起輦谷，從諸帝陵。」

蓋成吉思汗治命也。

《多桑蒙古史》：「先時，成吉思汗至此處（按：起輦谷），息一孤樹下，默思移時，起而言曰：將來欲葬於此。故諸子遵遺命，葬於其地。」

西方史家，均據中亞史家剌失德等之著作，謂在不峏罕山中。

《多桑蒙古史》：「舉行喪禮後，葬之於斡難、怯綠連、禿拉三水發源之不兒罕合勒敦諸山之一山中。」

《蒙古與俄羅斯》：「西夏戰事終了，才宣佈汗（按：成吉思）的訃音，後安葬於聖不峏罕之林中，但其墓穴，則屬秘密。」

按不峏罕山，亦稱不魯古崖，不兒吉地方。

《聖武親征錄》：「上會汪可汗於薩里河不魯古崖，發兵征泰亦赤兀。」王國維註曰：「不魯古崖，即史之不峏罕山。」又曰：「屠敬山謂即秘史之不峏罕合勒敦山。」

《元朝祕史》：「自桑古兒河邊起了，到客魯連河源頭，不兒吉名子的地岸跟前。」李文田註謂：「不兒吉，山名，即前文一卷之不兒罕山。」

地當克魯倫河、鄂嫩河之源。亦所謂鄂嫩、土拉、克魯倫三河之源頭也。

《元朝祕史》：「到於斡難名字的河源頭，不兒罕名字的山前。」又曰：「到客魯漣河源頭，不兒吉（按：李文田謂即不兒罕）名字的地岸。」按：故不峏山，地當鄂嫩、克魯倫河之源。

《聖武親征錄》：「上會汪可汗於薩里河不魯古崖。」王國維註：「即《祕史》之不峏罕山，在斡難、克魯倫兩河發源處。」

《大清一統志》：「肯特山，在敖嫩河源之南，即克魯倫河發源處。小肯特山在西南，與特勒爾濟嶺相近，土拉河發源於此。」

《水道提綱》：「肯特山，高大，為漠北群山，東至大海之祖。山之西阜曰即龍嶺，又西曰特勒爾濟嶺，凡諸嶺以南，水皆流入克魯倫河。以北，水皆入敖嫩河。敖嫩河源，在克魯倫河源西北三百餘里，實小肯特山……，嶺之北麓，即庫楚河源，北流入色楞格河，嶺之南斡山，西南麓水，即土拉河源。」

《龔之鑰後出塞錄》：「圖拉，即土喇，發源敖嫩河源之西南數十里許。特勒爾濟之西曰土喇色欽，色欽，蒙古語河源也。」

《元朝祕史》：「上不兒罕山上去……，自那山上望統格黎河邊有一叢百姓，順水行將來。」

李文田註：「哈拉河上源，曰通克拉河。出右翼左末旗，南流經庫倫南，納魁河，折而西流，經右翼右末旗，北納哈達媽爾水，南納多拉錫山水博羅河，折北流，注鄂爾坤河。」

按：統格黎，即通克拉之對音也。

或謂即今日之汗山，亦稱憨山。

《蒙古遊牧記》：「汗山，亦曰憨山。在興安嶺北，土拉河南岸。元秘史謂之不兒罕山，太祖微時，為三種蔑兒乞所困，全家避難此山。」

約當北緯四十七度五十四分，東經九度三分之間。

馮承鈞引宋君榮之言曰：「當時成吉思汗族之蒙古貴人云：成吉思汗所葬之山，曰汗山。處北京子午線西，北緯四十七度五十四分，東經九度三分之間。」按：亦即一般地圖之東經一〇六度又三分之一也。

或謂即肯特山東南幹山之必兒喀嶺。

《元朝祕史》：「當初元朝人的祖……，來到於斡難名字的河源頭，不兒罕名字的山前往著。」李文田註：「齊侍郎召南水道提綱曰：直河套北二千餘里，肯忒山脈，西北起敖嫩色禽嶺，有東南一幹，東為忒勒兒几嶺，又東為即龍嶺，又東起頂，為肯忒山，甚高大。又曰：必兒喀嶺，即肯忒山之東南幹山也。」又註：「今案鄂倫、敖嫩、鄂嫩，即斡難之對音。必兒喀，即不兒罕之對音。」

約當北緯四十九度，東經一〇九度之間。

據《申報》六十年所印「中華民國新地圖」，必兒喀嶺之位置如上。

據前述，流入色楞格河之土拉河、鄂爾坤河、庫楚河，與注入黑龍江之鄂嫩河，克魯倫河，皆發源肯特山四周，距《元史》之不兒罕山不遠。故李文田所謂：不兒罕山，即必兒喀嶺。張穆所謂：不兒罕山，即汗山。雖不中，亦不遠矣。

至馬可波羅謂在阿勒篩山。

《馬可波羅行紀》：「成吉思汗葬一山中，山名阿勒篩。」

就地望論之，亦當肯特山一帶也。

《馬可波羅行紀》：「自哈剌和林向北行，踰阿勒篩山，至巴兒忽之地，其廣四十日程。」

按：巴兒忽，即《祕史》之巴兒忽眞，李文田、馮承鈞諸氏，均主在貝加爾湖之東。故馬可波羅所謂，自和林踰阿勒篩山，即今之肯特山無疑。蓋自肯特山，至貝加爾湖東之巴兒忽眞，有四十日之程也。

然據蒙古流源稱，起輦谷，當今阿勒坦山之陰，哈岱山之陽，在大鄂特克地方。

《蒙古源流考》卷四：「青吉思汗於歲丁亥七月十二日，歿於圖爾默根依城，於是以輦奉柩，至所卜之地，因不能請出金身，遂造長陵，共仰庇護，於彼處立白屋八間，在阿勒坦山陰，哈岱山陽之大鄂特克地方，建立陵寢，號索多博克達大明青吉斯汗，自後元裔之稱汗號者，率即位於八白屋之前。」

亦即騰格里泊西北五十里，三音諾顏之左翼右旗與鄂爾多斯右翼中之旗交界處。

《蒙古遊牧記》：「康熙圖載，阿勒坦山，在河套外騰格里泊西北五十里許，與喀爾喀接界。」

《朔漠方略》：「康熙十九年……，畢瑪哩吉哩諦，以所定居之哈魯特山，距烏喇特六日程，慮還掠，詔設汎防禦。」按：哈魯特山，張穆石洲以爲即哈岱山之對音。

《蒙古遊牧記》：「土默特德貝子，號知蒙古掌故，徐君松述其語曰：元太祖葬地，在榆林邊外極西北，地名察罕額爾格，察罕白也。額爾格，帳房。貝子此語，與八白屋義合。額爾格，即鄂特克譯字之變。大鄂特克地方，即史所稱起輦谷。其地在今賽因諾顏左翼右旗與鄂爾多斯右翼中旗，兩界之交，無疑也。」

而張文端則謂，在歸化以北之祁連山中。

《奉使俄羅斯行程錄》：「次歸化城北，蒙古語庫河屯也。十九日入城，觀甸城碑記。按歸化城，乃元之豐州。二十早發，二十一日入祁連山，有土城廢址，疑即所云之甸城也。遠望石峰疊翠，入其中，則群阜蜿蜒，相傳元世帝后，俱潛厝此山，而不立陵墓。」

徐霆又稱，在瀘溝河河畔。

《黑韃事略》：「霆見忒木真墓，在瀘溝河之側，水山環繞。相傳忒木真生於此，故死葬於此，未知果否？」按：此說殊誤。

今伊克昭盟之伊金霍洛，又有所謂成吉思汗陵。

《伊克昭盟志》：「元代諸帝的陵寢，皆不知葬地，無處可尋。即威震歐亞的成吉思汗的陵寢，在史書上也未有明確的記載，雖經中外史家考證，亦臆說紛紜，莫衷一是。但今之伊盟，伊金霍洛地方，卻有成吉思汗的園陵一處。」又謂：「伊金霍洛是譯音。伊金，蒙語是主上。霍洛，蒙語是陵園。伊金霍洛，即主之園陵的意思。位於郡王旗境內，察無噶溝與胡塗亥濠之間。」

同書：「其墓……既無塚陵，也沒有享殿，只是一個複式的蒙古包，高約十丈五尺，內可容百餘人。」

且有新發現之《突拔都隨征記》：「大汗出征××，突薨……。丞相奉汗衣冠，薰沐置七寶箱內，使神駝載運，擬葬××××。行大漠四十七日，臣民護靈，因枯渴而死者，四百餘人。又行××日，至平漠窪地，駝立不行，臣民牽挽亦不動，群相默禱，寶劍突飛去，衣冠放異彩，臣民以主喜悅，爲營葬於窪地高原（按：當係今之伊金霍洛），設戍守護。並遣××××××等，四出找寶劍，至百里外草地尋獲，就其地爲置寶庫（按：當係今之蘇勒定霍洛），四時享祭。」故元代諸帝陵寢所在之起輦谷，當今何地，中外史家論說不一。

三、平民之喪

至於平民，人死，則家人舉哀。其親友則悲號，用乳肉果食，設供祭之。凡所親近，皆來獻食。

《多桑蒙古史》：「人死，置肉乳於其前，素日親蜜之人，皆來獻食。」

無停喪之制，死則迅速安葬。蓋以爲人死，是受惡鬼之制也。

《多桑蒙古史》：「若死……遽葬之，蓋以為死者，已受惡鬼之制。」

葬時，以鞍馬武器爲殉，俾供其彼世之用。

《多桑蒙古史》：「及葬，則在墓旁，以其愛馬，具備鞍轡，並器具弓矢殉之，以供死者彼世之用。」

既返，則送葬親友，以及死者生前之用物，均以火淨之。

《多桑蒙古史》：「其業已參加此種禮節者，應行過兩火之間。」

蓋用以祓除不祥也。

《魯不魯乞紀行》：「引行拔都帳，先率之踰兩火間，祓除不詳。火旁植二矛，矛上懸繩，繩上繫布片，凡人畜衣物，必經過其下。」又曰：「有獻美裘者，命巫師以火淨之。」

《多桑蒙古史》：「凡宮廷所用之物，以及貢品，必經此輩（按：巫）以火淨之。」

若爲戰死，則盡量設法，載其屍以歸。蓋亦所以重首邱故里也。

《黑韃事略》：「其從軍而死也，駝其屍以歸。」

故凡爲奴隸者，設能護其故主之屍體以歸，則以其畜產獎之。

《黑韃事略》：「霆見其死於軍中者，若奴婢能自駝其主屍首以歸，則止（按：只）給畜產。」

若爲他人，則盡有其妻奴畜產。

《黑韃事略》：「死於軍中者……，他人致之，則全給其妻奴畜產。」

設無法運返，則罄其資，就地以葬之。

《黑韃事略》：「駝其屍以歸，否則，罄其資槖而瘞之。」

逮元代中晚，邊疆之與中原，其禮俗雖相互影響，然律禁之。

《新元史》〈禮志〉：「延祐元年，江南行御史台御史王奉訓言：伏以父母之喪三年，天下通喪也……。請今後除蒙古色目，合從本俗，其餘人等，居喪送殯，不得飲食動樂，違者……斷罪。」

（原載民國五十七年十二月《中國邊政》二十四期）

十三世紀蒙人之屯住與遷徙

一、平民之屯住與遷移

蒙人所居氈帳，古曰穹廬。

《後漢書》〈烏桓傳〉：「以穹廬為舍，東開向日。」

《北史》〈突厥傳〉：「其俗被髮左衽，穹廬氈帳，隨逐水草遷徙。」

《黑韃事略》：「其居穹廬，即氈帳。無城壁棟宇，遷就水草無常。」

今稱蒙古包，滿洲語也。

《黑龍江外紀》：「呼倫貝爾布特哈，居就水草，轉徙不時，故以穹廬為室，最便揹折，穹廬，國語曰蒙古博，俗讀為包。冬用氈毳，夏用樺皮及葦，然布哈特近日漸能作室，穹廬之多，不似舊時，風氣一變。」

其制有二：不固定者，隨時可以肢解。移時，用馬載之就道。

《黑韃事略》：「燕京之制，用柳木為骨，止如南方罘罳，可以舒卷，面前開門，上如傘骨，頂開一竅，謂之天窗，皆以氈為衣，馬上可載。」

《馬可波羅行紀》：「其房屋用竿結成，上覆以氈。其形圓，行時攜帶與俱。交結其竿，使其房屋輕便，易於攜帶。」

固定者，則載之車上，不可以舒卷。遷之，駕車而行。

《黑韃事略》：「穹廬有二樣……。草地之制，以柳木織定硬圈，逕用氈撻定，不可卷舒，車上載行。」

《蒙古社會制度史》：「根據《元祕史》，當時蒙古人使用的蓬車，可分兩種……。蒙古人不僅用蓬車，運輸貨物，並用以載運整個蒙古包。」

頂爲傘狀木架，下則編木爲垣。以氈爲衣，固以毛索。

《霍渥爾斯蒙古史》：「帳的頂端，是半球形的，因此不會阻風而吹倒。像一隻碗，倒置蓋在圓形的氈墻上似的。氈都繫在用皮帶縛得緊的木條骨架上。它們可以輕易被分為三截，以便攜帶。屋脊的間架，像一把中國傘，由若干放射狀的肋條，聯在頂端圓形的鐵環上。」

《多桑蒙古史》：「所居帳，結枝為垣，形圓，高與人齊，上有椽，其端以木環承之。外覆以氈，用馬尾繩繫束之。」

上開天窗，覆之以氈，可開闔，用以透光，出炊煙。

《霍渥爾斯蒙古史》：「鐵環則造成一個出煙和進光線的孔。但也可以用塊氈，把它掩蓋起來。」

《多桑蒙古史》：「帳頂開天窗，以通氣吐炊煙。」

《元朝祕史》：「您不知道，每夜有黃白色人，自天窗，門額明處入來，將我肚皮摩挲，他的光明透入肚裏……。您休造次說，這般看來，顯是天的兒子。」

門開南向，高約三尺，垂氈以爲簾。

《霍渥爾斯蒙古史》：「帳的門，高約三尺，常以其上繡有花紋的氈遮著。」

《多桑蒙古史》：「門亦用氈，戶向南。」

故出入輒須曲身，婦女則爲尤甚。

《長春真人西遊記》：「婦女冠以皮樺，高二尺許，往往以皁褐籠之，富者以紅綃其末，名曰故故，大忌人觸。出入廬帳，須低徊。」

《灤京雜詠》：「凡車中載固姑，其上羽毛又尺許，拔付女侍，對坐車中，雖后妃御象亦然。」

因蒙人尚白。

《元文類》〈中書令耶律公神道碑〉：「蓋國俗尚白，以白為吉。」

《馬可波羅行紀》：「是日依俗，大汗及其一切臣民，皆依白袍，至使男女老幼，衣皆白衣。蓋其似以白衣為吉服，所以元旦之日服之……。臣民互相餽贈白色之物。」

故氈用白色，所謂白帳黑車爲家之稱，即因於此。

《長春真人西遊記》：「從此以西，漸有山阜，人煙頗眾，亦皆黑車白帳為家。其俗牧且獵，衣以韋毳，食以肉酪。」

木皆用柳，蓋以地多叢柳也。

《長春真人西遊記》：「抵陸局河（按：克魯倫河）……，水流東北雨岸，多高柳，蒙人取之以造廬帳。」

《張參議耀卿紀行》：「抵一河……，北語曰翁陸連，漢言驢駒河也，夾岸多叢柳。」又謂：「山之陰，多松林，瀕水則青陽叢柳而已，中即和林川也。」

復謂：「自堡障行四驛，始入沙陀，際陀所及，無塊石寸壤，遠而望之，若岡陵丘阜然，既至，則皆積沙也。所宜之木，榆柳而已，又皆樗散而叢生。」

《灤京雜詠》：「東風吹暖柳如煙，寄語行人緩著鞭，燕舞巧防鵶鶻落，馬嘶驚起駱駝眠。」

帳中央置竈，舉家寢處其中。

《多桑蒙古史》：「竈在其中，全家皆處此狹居之內。」

富者有木床。貧者，則以氈爲舖而已。

《元朝祕史》：「於是搜到鎖兒罕失剌家，房裏，車裏，牀下，都搜遍了。」又謂：「至自己房（按：帳）內，殺了一個羔兒，將（按：用）牀木煮熟。」

因逐水草而牧，故遷徙不定。

《張參議耀卿紀行》：「由嶺而上，則東北行，始見毳幕氈車，逐水草畜牧而已，非復中原之風土也。」

《黑韃事略》：「水草盡則移，初無定日。」

《多桑蒙古史》：「因其家畜需食，常為不斷的遷徙，一旦其地牧草已罄，則卸其帳，其雜物……載之畜背，往求新牧地。」

大體夏就高寒之山林。

《張參議耀卿紀行》：「大率遇夏則就高寒之地。」

《多桑蒙古史》：「隨季節而遷徙，春季居山。」

《馬可波羅行紀》：「夏居冷地，地在山中，或山谷之內，有水林場之處。」

冬則廣儲水草。

《張參議耀卿紀行》：「十月中旬，方至一山崦間避冬。林木甚盛，水皆堅凝。人競積薪儲水，以為禦寒之計。」

居避風之平原。

《多桑蒙古史》：「冬近，則歸平原。」

《馬可波羅行紀》：「韃靼冬居平原，氣候溫和，而水草豐肥，足以畜牧之地。」

《張參議耀卿紀行》：「至冬，則趨陽暖薪水易得之處以避之。」

而枯草豐盛，水薪易得，尤爲住冬之必備條件。

《蒙古社會制度史》：「在冬天，他們都不準備乾草，不過對於冬季的牧場，特別注意選擇，一定是一個枯草豐富的地方，才可以住下來設蒙古包。」

遷時，謂之起營。

《元朝祕史》：「那年春間，俺巴孩皇帝的兩個夫人斡兒伯莎合台，祭祖時，訶額侖去得落後，祭祀的茶飯不曾與。訶額侖說：也速該死了，我的兒子怕長不大……？起營時，不呼喚的光景做了也？」

有車可供乘坐載物。

《元朝祕史》：「將帖木真枷開著，燒了，於他們後面盛羊毛的車裏藏了，分付他合答安名字的妹子看著。」

又謂：「帖木真於那（逃）走的百姓內，喚他妻孛兒帖名字，孛兒帖在那百姓內聽著，認得是帖木真的聲音，跳下車來，與豁阿黑臣老婦人，一同走來。」

車有蓬，用黑氈。

《馬可波羅行紀》：「彼等有車，上覆黑氈甚密，雨水不透，駕以牛駝，載妻兒於其中。」

《蒙古社會制度史》：「據述《元祕史》，當時蒙古人，使用的蓬車，可分兩種……。」設木門。

《元朝祕史》：「這車裏有人麼？豁阿黑臣老婦回說：載著羊毛有。那軍說，兄弟每，下馬看。於是那軍下馬，將車門拉開看呵，見裏頭一個少婦人坐著有。」又謂：「落後搜到羊毛的車上，將車門內的羊毛撳出，撳到車後……。」以牛駝駕之。

《元朝祕史》：「帖木真兄弟每隨即上馬，到不兒罕山上去了。豁阿黑臣名字的老婦人，欲將孛兒帖夫人要藏，教坐在黑車子裏，著個花牛駕著車子，逆著騰格里小河行了。」

《蒙古社會制度史》：「牛也是蒙古草原部族移動的工具，不分牝牛和牡牛，一律可以用來拉車。」

《魯不魯乞紀行》：「此種廬帳，並卓於列車上，欲遷時，則以牛駝駕車他適。」故有黑車白帳之稱。

《長春真人西遊記》：「三月五日起之東北，四旁遠有人煙，皆黑車白帳，隨水草放牧，盡原隰之地，無復寸木，四望惟黃雲白草。」

《元朝祕史》：「都蛙鎖豁兒說：那一叢起來的百姓裏頭，有一個黑車子，前頭有一個女兒生得好，若不曾嫁人呵，索來與弟朵奔蔑兒干為妻。」

兼以人盡騎士。

《蒙韃備錄》：「韃人生鞍馬間，人自習戰，自春徂冬，旦旦逐獵，乃其生涯，故無步卒，悉為騎士。」

《黑韃事略》：「其騎射，則孩時，繩束以板，絡之馬上，隨母出入。三歲以索維之鞍，俾手有所執，從眾馳騁，四五歲挾小弓短矢。」

《岷峨山人譯語》：「虜善騎馬，蓋以鞍馬為家也。」

所以，乘馬驅車，遷移至爲簡便。

《蒙古社會制度史》：「凡躲避敵人的襲擊，攻略和戰爭的損失，蓬車遠較馱畜具有價值，使用牛車載傢具和財產，實比由駱駝或其他牲畜馱運，可以容易做到。勞力方面，人手方面，都能節省許多。」

屯住，謂之下營。

《元朝祕史》：「鎖兒失剌父子說：俺欲要蔑兒乞的薛涼格地面，自在下營。」又謂：「自那裏起去，又到……闊闊納浯名字的海子處下了。」

立帳以爲宿，環車以爲衛。

《蒙古社會制度史》：「在早先遊牧部族，在某一地方野營的地候，集成輪形，部族之長老居其中……。現在當敵人逼近時，為防止外人和敵人進入中央，才採取這樣輪形戰陣佈置。」
同時，以「排列成輪形的許多蓬車」為營地之外圍。

由是《秘史》輒以「圈子」稱之。
《元朝秘史》：「再格泥格思都的人忽難等，並答里台斡惕赤斤……，都和圈子，自札木合分離著。」又謂：「踏著縱跡，又行三宿，至日晚時，到一個百姓圈子行，見那八匹馬，在圈子外立著。」復謂：「成吉思再對蒙格禿乞顏的子，汪古兒廚子說：在前你與這脫忽剌兀惕三姓，塔兒忽惕五姓……，與我作一個圈子，昏霧中不曾迷了。」

亦謂之營盤。
《元朝祕史》：「論來呵，可將這母子每，撇下在營盤裏，休將他行。」又謂：「太祖軍在塔塔兒營盤裏時，拾得個兒子。」

凡此，皆由婦女以任之。
《蒙古社會制度史》：「婦女的活計，是調理蓬車，架卸帳幕……，揉製毛皮……，他們又製毛氈，用作蒙古包。」
《普蘭迦兒賓紀行》：「婦女頗辛勤，助其夫牧養家畜、製氈、御車、載駝，敢於乘馬與男子同。」
《馬可波羅行紀》：「婦女為其夫作一切應作之事……，家務之事皆屬之。蓋男子僅為打獵練鷹，作適於貴人之一切武事也。」

《蒙韃備錄》：「其俗出師不以貴賤，多帶妻孥而行，自云用以管行李、衣服、錢物之類。其婦女專管立氈帳，收卸鞍馬、輜重、車馱等事物，極能走馬。」

唯蒙人之屯住，可概分爲類。一爲庫里延，意爲環車爲圓。

《蒙古社會制度史》：「拉施特說：庫里延的意義，是指在野外排列成輪形的許多蓬車。」又謂：「庫里延是輪的意思。」

是數個氏族，或某一氏族，共營遊牧之謂。氈帳之眾，輒至數百。

《蒙古與俄羅斯》：「為放牧家畜，防範外族襲擊，有時幾個氏族聯合一起，作季節性的移動，一同宿營，有時帳幕可達千餘，形成一巨大的環狀，蒙古語稱之為庫里延。」

《蒙古社會制度史》：「部族全體集團遊牧的，通常……蒙古包的數字，常數百座計，蒙語稱為庫里延。」

一曰愛里，爲數家聯合屯住之謂。氈帳之數，遠較前者爲少。

《蒙古社會制度史》：「所謂愛里，是以帳幕——蒙古包和蓬車組成的牧區，或遊牧戶而成。」「是……各家或個別的單位遊牧。或少數幾家合在一起，共營很小集團的遊牧生活。」

《蒙古與俄羅斯》：「富強的氏族，多願單獨放牧畜牲，故帳幕數較少，而稱之為愛里。」至三五帳幕，成一聚落者，則甚爲罕覯。

《蒙古社會制度史》：「一個地方，很少見到兩個乃至三個以上的蒙古包構成的愛里。」

二、帝王之屯住與遷徙

至帝王所居，則曰金帳。

《黑韃事略》：「霆至草地時，立金帳，想是因本朝皇帝，遣使臣來，故立之以示壯觀。前綱鄒奉使至，不曾立。後綱程大使，更後周奉使至，皆不立。」

亦稱撒金帳。

《元朝祕史》：「太祖再於巴歹，乞失里黑二人行，將王罕的撒金帳，並鋪陳金器皿及管器皿的人，盡數與了。」

蒙語謂之斡兒朵。

《草木子》：「元君立，另設一帳房，極金碧之盛，名為斡兒朵。」按：《元史》作「斡耳朵」，《黑韃事略》作「窩裏陀」，《長春眞人西遊記》作「兀里朵」、「窩里朵」，《遼史》爲「斡魯朵」，《金史》爲「斡里朵」，皆一詞，爲記音。

猶華言之行宮也。

《黑韃事略》：「窩裏陀，猶漢移蹕之所。」

《遼史國語解》：「斡魯朵，宮也。」

《長春真人西遊記》：「窩里朵，漢言行宮也。」

《金史》〈百官志〉：「斡里朵，官府治事之所也。」

《岷峨山人譯語》：「舊有元之斡耳朵，猶華言宮殿也。」

《耶律楚材西遊錄》：「河之西，有城曰虎司窩魯朵，即西遼之都也。」鄉賢姚老譯為「神武宮帳」或「皇都」。

亦謂金斡耳朵。

多桑引《普蘭迦兒賓行紀》：「它被稱為金斡耳朵，貴由便是八月十五日，在這裏即的位。」

或昔剌斡耳朵。

《柳待制集》：「觀失剌斡兒朵御宴回」。按：失剌即昔剌。

《多桑蒙古史》：「開會之地曰昔剌斡耳朵，置氊帳兩千，僅敷諸王貴人使者居留之用。」

蓋黃色行宮之意也。

《秋澗集》〈元嘉議大夫簽書宣徽院事賈氏世德碑〉：「甚稱上意，顧而愛之，以髯疏色黃，因賜名曰昔剌。」

《元朝祕史》李文田註曰：「失剌……，遼史曰實喇，黃色也。」

若后妃攏行，則又有大斡耳朵之稱。

《黑韃事略》：「凡偽嬪妃與聚落群起，獨曰大窩裏陀者。」

其結構雖與平民之氈帳相同。

《黑韃事略》：「霆至草地時，立金帳……。其製即是草地中大氈帳，上下用氈為衣，中間用柳編為窗眼透明，用千餘條索拽住。」

然閾柱皆以金裹。

《黑韃事略》：「凡韃主獵帳所在，皆曰窩裏陀，其金帳，柱以金製故名。」又謂：「霆至草地時，立金帳……。閾與柱，皆以金裹，故名。」

內外具用細氈與織錦爲衣。

《普蘭迦兒賓紀行》：「這個行帳（按：貴由之斡耳朵），由金色裹著，和以金及木釘釘牢的柱子支撐著，內部的頂、柱、四壁，都遮以金絲織成的布。」

《元史新編》：「元代宮殿之外，別有帳殿，名斡耳朵。金碧輝煌……，梭毴與錦繡相錯。」

復髹之以各色油料。

《普蘭迦兒賓紀行》：「它被稱為金斡耳朵……，外方則用的是其他種類的漬料。」

多桑引《魯不魯乞紀行》：「及抵拔都營……，帳以氈為之，上塗羊脂羊乳，以禦雨水。」

飾以獅虎之皮。

《馬可波羅行紀》：「大帳（按：世祖所居）……，飾以美麗獅皮，皮有黑白米色斑紋，風雨不足毀之。」

繫以千百條之彩色絲繩以固之。

《馬可波羅行紀》：「凡繫帳之繩，皆是絲繩。」

《柳待制集》〈觀失刺斡兒耳御宴回〉：「毳幕承空掛繡楣，綵繩亘地掣文霓。」

故不唯所費鉅萬。

《元史新編》〈禮志〉：「元代宮殿之外，別有帳殿……，每帳所費鉅萬。」

《馬可波羅行紀》：「總之，此二帳及寢室，所值之巨，非一國王所能購者也。」

亦極盡金碧輝煌之能事。

《長春真人西遊記》：「窩里朵，漢言行宮也。其車輿亭帳，望之儼然，古之大單于，未有若是之盛也。」《元史新編》亦譽之為「金碧輝煌」，《草木子》更稱之「極金碧之盛」。

更內舖貂皮。

《馬可波羅行紀》：「帳內則滿佈銀鼠皮及貂皮，是為價值最貴而最美麗之兩種皮革。蓋貂皮袍一襲，值價金錢二千，至少亦值金錢一千，韃靼人名之曰毛皮之王。帳中皆以此兩種毛皮覆之，佈置之巧，頗悅心目。」

盛陳美酒，列以珍器。

《多桑蒙古史》：「謁拔都于大帳……，帳有長桌，桌上陳飾以寶石之金銀大盞及馬湩。」

又謂：「彼等冬季之飲料，共有四種：曰葡萄酒，曰米酒，曰馬湩，曰蜜酒。」

多置火盆，以爲取暖之計。

《元朝祕史》：「才說中間，六子便塞著門，圍著火盆立，捋起衣袖，太祖驚起，說教躲了。」

《魯不魯乞紀行》：「帳中置一火盆燃火，用荊棘馬矢作燃料。」

加以高敞深廣，可容千人，誠亦至爲壯觀也。

《柳待制集》〈觀失剌斡兒耳御宴回〉自註謂：「車駕駐蹕，即賜近臣馬孏子，御宴設氈殿失剌斡兒朵，深廣可容數千人。」

《馬可波羅行紀》：「前行久之，抵於一地……，其行帳及諸子諸臣諸友諸婦之行帳在焉。皆甚富麗……，其用以設大朝會之帳，甚廣大，足容千人而有餘。」

《元史新編》〈禮志〉：「帳殿……高敞栟幪，可庇千人。」

後通一帳，爲帝寢宮。

《馬可波羅行紀》：「大帳之後，有一小室，乃大汗寢所。此外尚有別帳別室，然不與大帳相接。」

大帳右聯一帳，即帝治事之所也。

《馬可波羅行紀》：「西向有一帳，與此帳相聯，大汗居焉。如欲召對某人時，即遣人導入此處。」

凡有朝會，帝處帳之後部中央，坐飾金甚高之胡床上。

《魯不魯乞紀行》：「拔都坐金色高床，升三級始登床。」

《黑韃事略》：「韃主帳中所用胡床，如禪寺講坐，亦飾以金。」

其后妃與皇子，則分列其左右。

《魯不魯乞紀行》：「其旁（按：拔都）坐其婦一人，其他男子，則列坐於此婦之左右。」

《黑韃事略》：「后妃次第而坐，如构欄然。」

至帳之中部，乃諸王將相坐處。位卑者，則席地坐于其後。

《普蘭迦兒賓紀行》：「及入帳，見拔都坐高臺上，妃一隨侍在側。諸宗室官吏等，坐于帳之中央。位卑者，則在諸人之後，列坐地下，男右女左。」

設有使者入覲，先以火祓除不祥。

《普蘭迦兒賓紀行》：「引之赴拔都帳，先率之踰兩火間，祓不祥。火旁置二矛，矛上懸繩，繩上繫布片，凡人畜衣物，必須過其下。同時，有兩婦在旁誦咒洒水。」

戒以勿觸門閾，帳索。

《普蘭迦兒賓紀行》：「命其入門時，勿觸門閾。」

《魯不魯乞紀行》：「有人告以勿觸繫帳之繩，蓋其與門閾並重也。」

蓋以爲凶兆也。

《馬可波羅行紀》：「所在處之殿門，有大漢二人，持杖列左右，勿使入者足觸門閾。設有觸之，立剝其衣，必納金以贖。若不剝衣，則杖其人。顧外國人得不明此禁，如是命臣下數人介之入，預驚告之。蓋視觸門閾為凶，故設此禁也。」

《黑韃事略》：「履閾者……，誅其身。」

迨唱名，搜身，行曲膝禮而後進。

《普蘭迦兒賓紀行》：「及使臣入覲貴由……，丞相鎮海，高唱入覲者名，諸人屈左膝四次。入覲前，有人遍搜其身，恐其藏有兵刃也。」又謂：「諸教士至帳前，蒙古官命三屈左膝，勿觸門閾。」

《魯不魯乞紀行》：「宮前帳門揭開，吾人遂入……，有人來，遍搜吾人身內，蓋恐藏有兵刃也。」

陛見既畢，遂命坐於帳之左方。

《普蘭迦兒賓紀行》：「拔都命位之於帳之左，緣帳右為大汗使臣列坐之處也。」

蓋蒙人尙右，以左爲下也。

《心史》〈大義略序〉：「行坐尚右為尊。」

《元朝名臣事略》〈丞相淮安忠武王〉：「十一年，復拜左丞相，總襄陽兵伐宋……。十二年七月，詔王入朝進右丞相。」

《黑韃事略》：「其位置，以中為尊，右次之，左為下。」

亦逐水草而居，行無定止。

《黑韃事略》：「韃主徙帳……，亦無定止，或一月或一季遷耳。」

夏則避暑，冬則避冬，有若平民然。

《張參議耀卿紀行》：「水之西，有峻嶺，嶺之石，皆鐵如也。嶺陰多松林，其陽帳殿在焉，乃避暑之所也。」

《馬可波羅行紀》：「一年之中，居其都城（按：大都）者六閱月，遊獵者三閱月，居其竹宮（按：上都）避暑者三閱月。」

故遷移，仍日起營。

《黑韃事略》：「韃主徙帳以從校獵，凡偽官屬從行，曰起營。」

《元朝祕史》：「帖木真札木合兩個相親愛，同住了一年半，一日自那營盤裏起時……。」

又謂：「太祖既……回至主兒乞營，將主兒乞百姓起了。」

因侍從甚眾，有宮車。

《灤京雜詠》：「火失氈房，乃累朝后妃之宮車也。」

有飯車。

《黑韃事略》：「輿之四角，或植以杖，或交以板，用表敬天，謂之飯車。」

以及侍女車。

《魯不魯乞紀行》：「拔都有妻十六人，諸妻帳外，有服役婦女之廬帳，及藏貯衣物之小屋甚夥。」

鷹房武器車。

《馬可波羅行紀》：「此種帳幕之周圍，別有他帳亦美，或儲大汗之兵器，或居扈從之人員。此外尚有他帳，鷹隼及主其事者居焉。」

多為輿帳，巨大者車輪頗多，以馬數十匹駕之。

《黑韃事略》：「牛馬橐駝以挽其車，車上空，可坐可臥，謂之帳輿。」

《魯不魯乞紀行》：「此種廬帳，並卓於列車之上，欲遷時，則以牛駝架車他適。」

復據趙尺子先生謂：「另有大帳車，輪頗多，其上之帳，可容二三十人辦公，套馬數十匹，近代已無。」

加之星相占卜者流，以及侍從人員之眷屬。

《馬可波羅行紀》：「蓋其地，有醫師星相者，打捕鷹房，及其他有裨於此周密人員之營業，而依俗各人皆攜其家屬俱往也。」

所以，車馬行列之廣袤，恒逾十餘里。

《黑韃事略》：「韃主徙帳……，派而伍之，如蟻陣。縈紆延袤十五里左右，橫距及其直之半。」

而宿衛之士，則於外圍及帳輿之前後左右，環列以衛之。

《元朝祕史》：「凡下營，教帶弓箭的散班，與也孫帖額帶弓箭的，於帳殿右邊行。不合等散班，於帳殿左邊行。阿兒孫勇士，於帳殿前面行。宿衛的管帳房車輛，於帳殿根前左右行。眾護衛散班，並內裏家人等，朵歹扯兒必管，常在帳殿根前行者。」按：《祕史》此文，原爲屯住時，宿護散班之職務情形，然遷徙行進時之環衛，亦當如此也。

屯住，亦曰定營，或下營。

《黑韃事略》：「得水則止，謂之定營。」

《元朝祕史》：「自桑沽兒河邊起了，到客魯漣河源頭不兒吉名字的地岸根前，做下營盤住了。」

帝南向，獨居前列。

《黑韃事略》：「主帳南向，獨居前列。」

《魯不魯乞紀行》：「拔都居帳在其中，門南向，南方不許安放帳幕，廬帳列於汗帳之左右東西兩方。」

位次者，則以次分列其後。

《黑韃事略》：「妾婦次之，偽扈衛及偽官屬，又次之。」供應往還，其勢甚張。

《長春真人西遊記》：「二十八日，泊窩里朵之東……。入營駐東南岸，車帳千百，日以醍醐湩酪，為供漢夏公主，皆送寒具等食。」又謂：「至斡辰大王帳下，冰始泮，水微萌矣。時有婚嫁之會，五百里內首領，皆載馬湩助之，皂車氈帳，成列數千。」氈帳萬點，千百成列。

《灤京雜詠》：「白白氈房撒萬星，名王酣宴惜娉婷，李陵臺北連天草，直到開平縣裏青。」復因諸帳相去數丈。

《魯不魯乞紀行》：「女帳居左，視其地位高下，列帳而居。每帳相距，有一擲石之遠。」故營地之廣，輒踰三四程。較之名郡巨城，殊不稍爲遜色焉。

《魯不魯乞紀行》：「及抵拔都營，魯不魯克驚其營地之廣。所據地，與一大城無異，周圍約三四程。」

《馬可波羅行紀》：「此地帳幕之多，竟至不可思議。人員之眾，及逐日由各地來此者之多，竟似大城一所。」

（原載民國五十八年三月《反攻月刊》三二四期）

十三世紀蒙人飲酒之習俗儀禮及其有關問題

一、馬湩之製法及宮廷飲酒之類別

十三世紀，蒙人所飲之酒，悉爲馬乳所製成。曰忽迷思，亦號馬湩，或馬奶子。

《多桑蒙古史》：「嗜飲馬乳所釀之湩，曰忽迷思。」

《灤京雜詠》：「馬湩，馬嬭子也。」

其製作方法：先使幼駒啜母馬之乳，以通乳路，於日中泲入皮桶。

《黑韃事略》：「霆常見其日中泲馬嬭矣。亦嘗問之，初無拘於日與夜。泲之之法，先令駒子啜，教乳路來，卻趕了駒子，人自用手泲下皮桶中。」

或待駒已飽食之深夜，奶聚而後泲入器中。

《黑韃事略》：「其軍糧，羊與泲馬（手捻其乳曰泲）。馬之初乳日，則聽其駒之食，夜則聚之以沸，貯以革器。」

復注入有管之革囊中，參以酸牛乳，用杖攪撞。凡來訪賓客，入幕之時，亦攪之。如是三四日，即可飲用。

《魯不魯乞紀行》：「忽迷思為蒙古人及亞洲遊牧民族，習用之飲料，製造之法如下：用馬革囊一有管之器，洗淨，盛鮮馬乳於其中，微參酸牛乳，俟其發酵，以杖大攪之，使發酵中止。凡來訪之賓客，入帳時，必攪數下，如是製作之馬湩，三四日後可飲。」

《黑韃事略》：「霆常見其日中沸馬嬭………下皮桶中，卻又傾入皮袋，撞之，尋常人只數宿使飲。」

性滋補，能久存，且可治療瘵疾。

《魯不魯乞紀行》：「忽迷思可以久存，相傳其性滋補，且能治瘵疾。其味不盡為人所喜………。」

唯味酸而羶，色白而濁，乃一般蒙人所飲用。

《黑韃事略》：「初到金帳，韃主飲以馬嬭，色清而味甜，與尋常色白而濁，味酸而羶者大不同。」

《魯不魯乞紀行》：「忽迷思………其味刺舌與新釀之葡萄酒無異。飲之者如飲杏仁漿，有時使人醉，尤使人多溺。」

至宮廷所用者，雖製法如前，然乳取未孕之牡馬，且攪撞七八日，愈攪則其味愈甘，挏逾萬杵，則香味醇醲矣。故其味甘，其色清，號哈剌忽迷思，即所謂青湩也。

《魯不魯乞紀行》：「韃靼人亦製哈剌忽迷思，質言之，黑色馬湩。此種馬乳不凝結，蓋凡牲畜未妊孕者，其乳不凝結。而黑色馬湩，即取未孕之牡馬製之。攪乳重物下沈，如葡萄酒滓之下沈，所餘之純乳，其色類白葡萄酒，飲之其味甚佳，而性亦滋補。」

《黑韃事略》：「初到金帳，韃主飲以馬嬭……，名黑馬嬭。蓋青而似黑，問之則云：此實撞七八日，撞多則愈清，清則氣不羶，只此一次得飲，他處更不曾見，玉食之奉如此。」

《漢書》〈禮樂志〉「大官挏馬酒」注：「以馬乳為酒，言挏之味酢則不然，愈挏治則味愈甘，挏逾萬杵，味香醇醲。」

以挏馬官主其事。

《漢書》〈職官〉「挏馬官」注曰：「以韋革為夾兜，盛馬乳，挏之，味酢可飲，因以名官。」

《元史》〈鐵邁赤傳〉：「合魯氏，善騎射，初事忽蘭皇后帳前，嘗命為挏馬官。」

憲宗世祖以降，恆以欽察人任之。

《元史》〈土土哈傳〉：「其國曰欽察……，亦納思世為欽察國王……。太祖乃命將討之，亦納思已老，國中大亂，亦納思之子忽魯速蠻，遣使自歸於太祖，而憲宗受命，師已扣其境，忽魯速蠻之子班都察，舉國迎降，從征麥怯斯有功，率欽察百人，從世祖征大理伐宋，以強勇稱。嘗侍左右，掌尚方馬畜，歲時挏馬乳以進，色青而味美，號黑馬乳，因目其屬曰哈剌赤。」即掌酒者也。

除馬湩外，宮廷用酒，尚有蜜酒，米酒及葡萄酒三種。

《魯不魯乞紀行》：「彼等冬季之飲料，共有四種：曰葡萄酒，曰米酒，曰馬湩，曰蜜酒。」

懷來之玉液泉，察罕腦兒之沙井，皆元廷取水釀醪之處也。

《中堂紀事》：「是夜宿懷來縣……縣東南里許，有釀泉，井水作鵝黃色，其曰玉液泉即此也。官置務，歲供御醪焉。」

《扈從集：》「至察罕腦兒……，其地有行宮在……，沙井甘潔，釀酒以供上用。」

二、一般蒙人飲酒習俗

蒙人飲酒，雖地位懸殊，亦必先饌，而後享客，謂之口利。

《多桑蒙古史》：「主人先嚐饌，然後奉客，雖地位懸絕者，亦如是也。」

《黑韃事略》：「其飲馬乳與牛羊酪，凡初酌，甲必自飲，然後飲乙。乙將飲，則先與甲丙丁呷，謂之口利。」

然後循環酌飲——自客乙，而丙丁，而主人，謂之換盞。

《黑韃事略》：「凡初酌，甲必自飲，然後飲乙……，不飲則轉以飲丙，丙飲訖，勺以酬，乙未飲而飲丁，丁如丙禮，乙才飲訖，勺以酬甲，甲又序以飲丙丁，謂之換盞。」

若一人執酒向己，則請己先嘗，必應之，彼方敢飲。

《蒙韃備錄》：「每飲酒，其俗鄰坐更相嘗換，若以一手執杯，是令我嘗一口，彼方敢飲。」

若雙手執杯向己，則請己換盞，當盡飲其酒，而後酌以酬之。

《蒙韃備錄》：「若以兩手執杯，乃彼與我換盞，我當盡飲彼酒，卻酌酒以酬之，以此易醉。」

此皆所以防毒，後遂相沿成俗。

《黑韃事略》：「口利……，換盞，本以防毒，後習以為常。」

凡飲，主人執盞以勸客，非盡飲涓滴不留，主人更不接盞。

《蒙韃備錄》：「韃人之俗，主人執盤盞以勸客，客飲若少留涓滴，則主人者更不接盞，見人飲盡乃喜。」

飲必恣意狂歡，肆而無度，終至大醉方罷。

《元朝祕史》：「將忽圖剌立做了皇帝，繞著大樹下做筵席，眾達達百姓歡喜，繞這樹跳躍，將地踐踏成深溝了。」

《多桑蒙古史》：「男子……………沈緬于酒，蓋其視飲酒非惡德也。」

《蒙韃備錄》：「你來我國中，便是一家人，凡有宴聚、打毬或打圍出獵，你便同來戲，如何又要人請喚，因大笑，而罰六杯，終日必大醉而罷。」

《蒙韃備錄》：「凡見外賓醉中喧鬨失禮，或吐或臥，則大喜曰：客醉則與我無異心也。」雖失儀而喧鬨吐臥，然主人不以爲忤，恆大喜，以爲客無異心也。

三、宮廷飲宴之類別及其儀禮

至宮廷飲宴，以與宴者律著一色服，故悉號只孫宴。

《元史》〈輿服志〉：「質孫（按：即只孫），漢言一色服也。內廷大宴則服之。」

以性質而論，有賜宴諸侯王，或外蕃來朝，以示卹遠者。

柯九思《宮詩十九首》：「凡諸侯王及外蕃來朝，必賜宴以見之，國語謂之質孫宴，漢言一色，言其衣服一色也。」

有賜宴大臣，用酬辛勞者。

《柳待制集》〈觀失剌斡耳朵御宴回〉：「車駕駐蹕，即賜近臣灑馬嬭子，御筵設氈帳失剌斡耳朵，深廣可容數千人。」按：此爲巡幸上都，始至而賜宴扈從諸臣也。

《灤京雜詠》：「每年八月，開馬嬭子宴，始奏起程。」「內宴重開馬湩澆，嚴程有旨出丹霄，羽林衛士桓桓集，太僕龍車款款調。」按：此爲自上都南返燕京，出發前賜宴扈從群臣也。（請參閱〈元代歲幸上都紀要〉一文）

有賽馬爲戲，君臣同樂者。

周伯琦《詐馬行》：「上盛服御殿臨視，乃大張宴為樂。惟宗王戚里宿衛大臣，前列行酒，餘各以所職，敘坐合飲，諸房湊大樂，陳百戲，如是者凡三日而罷……，名之曰只孫宴。只孫宴，華言一色衣也，俗呼曰詐馬宴。」

因每筵必飲以馬湩，故亦號馬嬭子宴。

張昱《輦下曲集》：「祖宗詐馬筵灤都，挏官哼哼載憨車，向晚大安高閣上，紅竿雉帚掃珍珠。」

《清容居士集》〈裝馬曲〉：「沈沈梭殿雲五色，法曲初湊歌薰風，酮官庭前列千斛，萬甕葡萄凝紫玉……。」按：〈裝馬曲〉，爲袁桷詠詐馬筵賽馬時，與賽群馬裝備之華麗也。連前詩，均說明詐馬筵，以馬湩爲飲焉。

《開平第四集》〈內宴〉：「梭殿沈沈曉日清，靜鞭初徹四無聲，挏官玉乳千車送，酒正瓊漿萬甕行……。」按：故內宴亦飲馬湩也。至巡幸上都，往返均賜宴扈從群臣，據前引《柳侍制集》《灤京雜詠》，均飲馬湩，稱馬嬭子宴。

宴時，帝南向設座高台上，其他諸親貴，則以其地位之高下，盛列低几，或席地而坐，百餚星佈，美酒並陳。

《多桑蒙古史》：「慶會之日，設大宴，帝坐於高台上之寶座，面向南，食案置寶座前。皇后坐於左，諸皇子及諸宗王，列座於右，台較低，其首高與帝足平。其他食案，依次降低，貴人及將帥，就食之所也。帝之左方，列食案，高低不等，諸公主及貴人將帥妻子之所處也。尚有不能列坐於此種食案之貴顯多人，則趺坐聚食於地氈之上。皇帝之司饌者，以絹覆口，俾使其氣息，不污飲食。皇帝每次舉盞而飲之時，即作樂，諸人皆跪。殿中有方廚，刻飾甚麗，作種種獸狀，內有一盆，盛葡萄酒滿中，四圍有四瓶較小，內盛馬湩及其他飲料，以銀器或渡金大盞，盛諸種酒列桌上，每二人合一盞，各人有一大勺，取酒於盞中而飲。」

於是呼成吉思汗名號以爲祝。

《灤京雜詠》：「詐馬筵開，盛陳奇獸，宴享既具，必一二大臣，稱青吉思皇帝，禮撤，于是而後禮有文，飲有節矣。」

讀大札薩以爲訓。

柯九思《宮詩十九首》：「凡大宴，世臣掌金匱之書者，必讀祖宗大札薩以為訓。」

然後由答剌罕行喝盞之禮，盛宴遂開。

《新元史》〈乞失里黑傳〉：「太祖即位，乞失里黑、巴歹，並封千戶，賜號答剌罕，遇大宴喝盞。」

《輟耕錄》：「凡天子宴饗，一人執酒觴，立於右階，一人執拍板，立於左階，執板者，抑揚其聲贊曰：斡脫，執觴者如其聲，和之曰：打弼，則執板者，節一板，從而王侯卿相，合坐者坐，合立者立，於是眾樂皆作，然後進酒詣上前，上飲畢授觴，眾樂皆止，別奏曲以飲陪位之官，謂之喝盞，蓋沿襲金源舊禮，至今不廢。斡脫，打弼，彼中方言，未暇考求其意。」

《道園學古錄》〈孫都思氏世勛之碑〉：「國家凡宴饗，自天子至親王，舉酒將釂，相禮者贊之，為之喝盞。」

《石田集》〈太師秦王佐命元勳之碑〉：「凡飲宴，賜以月脫之禮，國語喝盞也。」

《至正直記》「張昱論解」：「江西張昱嘗與予言，其鄉先生論管氏反坫之說，便如今日親王貴卿飲酒，必令執事者喝斡脫一聲，謂之喝盞。」

按斡脫，看酒之謂。打弼，就坐之義。

據趙先生《尺子言》：「斡脫意為看酒，打弼意為就座。」

答剌罕者，自在快活；一國之主；免其差役；獵獸掠財，獨享不分；及世貸之謂，乃蒙人之尊號。

《元文類》〈丞相順德忠獻王碑〉：「臣謹按：王諱哈剌哈孫，朔方人……。曾祖考諱啟昔禮……，遇太祖飛龍見躍之際，知可汗（按：王罕）將襲之，趣帝告為備，果至，我兵縱擊大破之，尋并其眾，以功擢千戶，賜號答剌罕……，譯一國之長。帝謂侍臣，彼家不識天意，故來相害，是人告我，殆天所使，我許為自在答剌罕矣！」

《輟耕錄》「答剌罕」：「一國之長，得自由自在之意。」

《元史》國語解：「達兒罕，為凡有勤勞，免其差役之謂。」按：達兒罕，即答剌罕。

《元朝祕史》：「太阻再於巴歹，乞失里黑二人行，將王罕的金撒帳，並鋪陳金器皿及管器皿的人，盡數與了。又將客列亦惕、汪豁真姓的人，就與兩人做宿衛的，教帶弓箭。飲酒時，又許喝盞。直到子孫行，教自在快活。廝殺時搶得財物，打獵時得的野獸，都不許人分，盡他要者。」

《石田集》〈太平王燕帖木兒神道碑〉：「答剌罕，華言世貸之謂也。」

其由來甚早，突厥時，即已有之。

《多桑蒙古史》：「答剌罕之號，似甚古。東羅馬帝曾遣使至突厥可汗室點密所，五九〇年使臣別可汗時，可汗遣使臣而有達干之號者偕之歸。」

唯據物拉的迷爾卓夫謂：凡被主人解除其奴隸之身份者，謂之答剌罕。釋意似未盡妥，容後考之。

《蒙古社會制度史》：「在十一～十二世紀的蒙古氏族社會裏，有奴隸的存在。他們被稱為也惕來孛古兒……。早期蒙古的孛古兒和家僕，都有機會變為自由民。就是那顏和孛古兒之間（主人和奴隸）的關係斷絕的時候，就可得到自由。這個時候孛古兒，可成為達爾罕

（按：答剌罕）。成吉思汗免去鎖兒罕失剌、巴歹、和乞失里黑的奴隸身份時說：「你們應該得到自由，任意取你們作戰時所擄獲的物品，和圍獵時所捕到的野獸。」又說：「孛古兒永久的和其主君結合在一起，他們之間的連繫，只能在孛古兒的身份被解除了以後，也就是成為達爾罕的時候，才能被切斷的可能。」

四、元帝多沈緬於酒

蒙人既嗜酒，故元代諸帝，亦多如之。恆帳陳馬湩，以便恣飲。

《魯不魯乞紀行》：「謁拔都于大帳……，帳口有長桌，桌上陳飾以寶石之金銀大盞及馬湩。」逮見憲宗蒙哥，紀謂：「吾人遂入……，帳口設一桌，上陳馬湩。」

以太宗而論，初則飲酒無節，每因以致疾，太祖嘗切責之。並令其兄以監之，限其飲量。然輒換大盞，以恣其意。

《多桑蒙古史》：「窩闊台飲酒無節，因常致病，其父屢責之。其兄察合台素為窩闊台所敬畏，曾遣侍臣一人監之，每日飲酒，不得過若干盞。窩闊台不敢公然逆兄命，然飲時換大盞，監者亦不敢拒。」

迨晚年，則爲尤甚。雖耶律楚材執浸蝕之酒漕以爲諫，然終因狂飲致死。

《元文類》〈中書令耶律公神道碑〉：「上素嚐酒，晚年尤甚，日與諸大臣酣飲。公數諫不聽，乃持酒槽之金口曰：此鐵為酒所蝕，尚致如此，況人之五臟有不損也。」

《多桑蒙古史》：「出獵五日，還至……山，進酒歡飲，極夜乃罷，翌日卒。」

及定宗，亦復如此。生時既因此致手足拘攣，早卒，亦未嘗不種因於斯。

《新元史》〈定宗本紀〉：「帝嚴重有威……，然好酒色，手足有拘攣疾，嘗以疾不能視事。」

《多桑蒙古史》：「鐵木兒幼時飲啗無節，其祖忽必烈嘗責之，且曾受杖三次，終命數醫侍食以監之……。有回教徒……，常引其至一浴室，預命室主以酒置水管中，因得痛飲……。即位後，遂戒酒。」

五、因飲酒導生之重大事件

俺巴孩汗之死於金，致金蒙世仇。

《元朝祕史》：「俺巴孩將女兒嫁與他，親自送去，被塔塔兒人拿了……。今後以我為戒，你每將五個指甲磨盡，使壞十個指頭，也與我每報仇。」

哈不勒汗之醉酒，實爲其造因。

《元史譯文證補》〈太祖本紀〉：「哈不勒汗為成吉思汗三世祖……，威望甚盛，統轄蒙古全部，是時始有汗號。金主聞其名，召至，禮遇甚優……。一日醉酒，鼓掌歡躍，捋金主鬚，廷臣怒其失禮……，金主謂小過，釋不問，仍厚贈遣歸。金之大臣謂縱此人，將為邊患，遣使要以返，哈不勒汗不從，詞意強橫。金主再遣使往……，遇諸途，挾以入朝，得間疾馳而返……，金使追至，殺金使。」

而也速該之死，使太祖誓滅塔塔兒，亦因飲酒，被毒所致。

《元朝祕史》：「也速該回到扯克扯兒地面，遇著塔塔兒每做筵席，因行得饑渴，就下馬住了。不想塔塔兒每認得說：也速該乞顏來了，因記起舊日被擄的冤仇，暗地裏和了毒藥與吃了。也速該上馬行到路間，覺身子不好了，行了三日到家，越重了。也速該說：我心裏不好……，回時被塔塔兒家暗害了。」

迨成吉思汗既長，嘗爲泰亦兀惕所執，幸賴彼等飲酒狂歡，遂得脫歸。

《元朝祕史》：「正當四月十六日，泰亦赤兀惕每，於斡灘河上做筵會，日頭落時散了。此時教一個年小軟弱的人，守著帖木真，帖木真見人散了，將那年小弱的人，用枷梢於頭上打倒，走了。」

至於後日之大敗王罕，亦賴乞失力之適送馬湩，聞彼密謀，得以告變，方能乃而。

《聖武親征錄》：「牧馬者乞失力，供馬湩適至，微有所聞。問其弟把帶曰：適所議何事？

該知否？把帶……謂乞失力曰：我知矣！可因赴上（按：成吉思汗）言之……，馳見上，告其謀曰：汪可汗將圖太子，其謀定矣！上聞之……，遣折里麥為前鋒……，進逼汪可汗……，其勢大挫，斂兵而退。」

他如，馬兒忽思不亦魯之寡婦，為夫報仇，因獻暗藏甲士之馬湩百囊，若木馬屠城然，以成其志。《多桑蒙古史》：「王罕祖馬兒忽思不亦魯，曾為塔塔兒人部主納兀兒不亦魯所俘，獻之中國北方皇帝，釘之木驢而死。其寡婦欲報仇，獻羊百頭，牡馬十匹，馬湩百囊，囊盛一人，各執兵器，乘宴時出，殺塔塔兒汗及列席之塔塔兒人。」

及拔都西征，貴由因飲酒結怨拔都。《元朝祕史》：「巴禿自乞卜察差使奏來說：賴長生天的氣力，皇帝叔叔的福蔭，將十一種國土百姓都收捕了。因大軍將回，各人分離，會諸王做筵席於內，我年長些，先吃了一二盞，不里、古余克（按：貴由）兩個惱了，不曾筵席成，上馬去了。不里說……，他是有髯的婦人……。古余克說：他是帶弓箭的婦人……，皇帝叔叔知也者。」按：「有髯婦人」，即漢語「養漢婆娘」，語涉太宗生母，蓋朮赤非太祖所生也。

終致定宗之立，拔都予以杯葛。《新元史》〈本紀〉：「甲辰帝（按：貴由）至知林，皇后（按：太宗后）屢召拔都，拔都與帝有隙，又以帝之立，出皇后意，非太宗遺命，託足疾遷延不至，久之，遣其弟與子來會。」

後日帝系，亦因而轉移。

《新元史》〈憲宗紀〉：「定宗崩……，拔都與諸王大將，會於阿勒塔克山，議立君……。拔都曰：吾國家幅員其廣，非聰明睿智，能法太祖者，不可為主，我意在蒙哥。眾應曰然……，議遂定……。使其弟伯勒克脫哈帖木兒，將大軍衛帝而東，拔都自駐於西，以備非常。」

凡此，皆所以飲酒誤事，且對東亞形勢，影響至深且久者。

（原載民國五十六年三月《大陸雜誌》三十四卷五期）

十三世紀蒙人之「驅口」──奴婢與俘虜

一、奴婢之來源

蒙人之有奴婢，由來甚早。在成吉思汗十一世祖朵奔蔑兒干時代，即已存在。《元朝祕史》：「朵奔蔑兒干……回去，路間遇著一個窮乏的人，引著一個兒子行來，朵奔蔑兒干問他，你是甚麼人？其人說：我是馬阿里黑伯牙兀人氏，我而今窮乏，你那鹿肉將與我，我把兒子與你去……。將那人的兒子換去，家裡做使喚的了。」同書：「忽蘭把禿兒的子，也客扯連，有兩奴婢，一名把歹，一名乞失黎黑。」

不唯有累世為奴者。《元朝祕史》：「成吉思汗再教對脫斡鄰弟說：我喚你做弟的緣故，在前屯必乃（按：元太祖之高祖），察剌孩領忽二人，原擄將來的奴婢，名斡黑荅，他的子名速別該，速別該子名闊闊出乞兒撒安……，也該晃脫合兒子是你，你如今將誰的百姓要諂佞著與王罕……？你是我祖宗以來的奴婢。」

且有一族淪爲奴婢者。

《元朝祕史》：「孛端察兒（按：元太祖之十世祖，尼侖部之始祖）回說：恰才統格黎河邊，那一叢百姓，無個頭腦管束，大小都一般，俺可以擄他……兄弟商了，教孛端察兒做頭哨……都擄將回來。因這般，頭口也有，茶飯使喚的都有了。」

唯奴婢之最大來源，厥爲戰俘與將校之掠民爲奴。

《元朝祕史》：「又對二人（按：木華黎，孛斡兒出）說：金國百姓，不曾分與您，如今有金國的主因種，你二人均分。凡好的兒子，教與你擎鷹。美的女子，教與妻整衣。己前金主曾倚仗著他做近侍，將速速（按：達達）祖宗廢了。你二人是我近侍，卻將他們來使喚者。」

蓋遊獵，爲蒙元之文化型態，而草原、畜群、牧人，則爲其經濟基礎。因無牧地，則其一切無所從出。無畜群，則其生活無所仰給。無人力，則其無法從事大規模之圍獵與遊牧。故其戰爭之目的，固爲掠取草原與畜群。

《多桑蒙古史》：「此輩不重視人命，僅見有立時之鹵獲，與其畜群之牧地而已。」

《元史》〈速不台〉：「略也迷里只部，獲馬萬匹以獻……。攻下撒里畏吾特勒赤閔等部……，得牡馬五千匹，悉獻於朝。」

然人力之掠取，亦至爲重視。

《黑韃事略》：「陷城，則縱其擄掠子女玉帛，擄掠之前後，視其功之等差，前者插箭於門，則後者不敢入。」

《蒙古秘史新譯並註譯》：「把他的婦人兒虜掠盡絕……，把他全體百姓虜掠一空。」

兼以掠奪所得，採均分共享制。

《蒙韃備錄》：「凡破城守，有所得，則以分數均之。自上及下，雖多寡每留一分，為成吉思汗皇帝獻，餘物則敷俵有差。宰相等在於朔漠，不臨戎者，亦有其數焉。」

《元朝祕史》：「拙赤，察阿歹，斡歌歹三人，得兀籠格赤城，將百姓分了，不曾留下太祖的分子，及回，太祖三日不許三子入見。」

故戰勝敵人，即以其所俘，分爲私屬，夷爲奴婢。

《蒙古秘史新譯並註譯》二六五節：「擒獲阿沙敢不，命……把勇猛健壯的唐兀惕人殺掉，軍士們可以捉捕（其餘）各色的唐兀人收（為己有）。」

《元朝祕史》：「成吉思汗虜了四種塔塔兒，密與親族共議……，如今可將他男子似車轄大的盡誅了，餘者各分做奴婢使用。」

謂之「驅口」。男爲奴，女爲婢，因不許婚於良家，故所生子女，永爲奴隸。

《輟耕錄》〈奴婢〉：「今蒙古色目人之臧獲，男曰奴，女曰婢，總曰驅口。蓋國初平定諸國日，以俘到男女匹配為夫婦，而所生子女，永為奴婢……。奴婢男女，止可互相婚嫁，例不許聘娶良家。」按：《元史》〈仁宗紀〉亦謂：「禁南人典質妻子，販賣爲驅口。」故陶宗儀釋「驅口」爲奴隸，甚是。復按姚從吾先生《元朝史》，則釋爲俘虜，亦甚是。蓋奴婢與俘虜，乃驅口之一體兩面。就來源論爲俘虜，從身份論爲奴婢。降至元代中晚，其含義始專指奴婢而言。

二、奴婢之族

蒙人之奴婢，最大來源，既爲戰俘，故兵鋒所及，被俘爲奴者，有塔塔兒人見前引。

蔑兒乞人，

《元朝祕史》：「但見蔑兒乞人呵，教骷頭箭射者……，其餘妻子每，可做妻的做了妻，做奴婢的做了奴婢。」

西域人，

《多桑蒙古史》：「兀籠格赤……，免者唯幼婦兒童，夷為奴婢。」

欽察人，

《元朝名臣事略》〈平章魯國文貞公〉：「戰將某，有功邊陲，求欽察之奴人者，皆良為兵，隸己麾下。」

俄羅斯人，

《元史》〈文宗本紀〉：「三年……諸王章吉，獻斡羅思百七十人，酬以銀七十二錠，鈔五千錠。」「燕帖木兒，獻斡羅思二千五百人。」

康里人，

《多桑蒙古史》：「聚康里人於平原中，收其兵械馬匹，依例外國降卒，應改蒙古裝束，薙額上髮結辮，茲亦命康里人為之，以安其心，至夜盡屠之……。其眷屬馬匹輜重，皆為蒙古軍所有。」

唐兀人，

《元朝祕史》：「到賀蘭山，將阿沙敢不敗了，走上山寨，咱軍將他能廝殺的男子，盡殺擄了，其餘百姓，縱各人所得來自要。」

波蘭人，

《多桑蒙古史》：「攻入波蘭，夢桑朵朱兒城，圍其堡……，沒入婦女為奴婢。」

高麗人，

《新元史》〈世祖本紀〉：「中統元年……諭高麗，歸其俘與逃戶。」

女眞人，

《元朝名臣事略》〈參政賈文正公〉：「汴京之破，金族屬及朝臣子弟，奴於人者，公悉聞而民之。」

漢人，

《元史》〈劉敏傳〉：「字德實，一字有功，宣德人，太祖七年，大軍次山西，敏十二，從其父母避兵於德興禪房山，盡室被俘，敏隸於一大將麾下。」按：元代所謂漢人，是指完顏金統治下，大河南北之中原人民。

南人，

《牧庵集》〈平章政事蒙古公神道碑〉：「二十有一年……黃華反，徵內地戍兵進討，未能平賊，多奴良民以歸。」按：元代所謂南人，係指南宋治下江南地區之人民。

地無分歐亞，人無分男女，無貴賤，一經被俘，悉爲奴婢。降至後世，蒙人亦有因貧困，淪爲他族之奴婢者。

《元史》〈仁宗本紀〉：「帝諭省臣曰：比聞蒙古諸部困乏，往往鬻子女於民家為奴婢。」

三、工匠奴隸，特為重視

蒙古初期，既無百工之技，亦無百業之產，然因日以擴張，需求百至，遂大爲重視工藝。

《黑韃事略》：「霆嘗考之，韃人始初草昧，百工之事，無一而有。其國除孳畜外，更何所產？其人稚朴，安有所能？止用白木為鞍橋，鞔以羊皮，蹬亦剜木為之……。後來滅回回，始有物產，始有工匠，始有器械。蓋回回百工技藝極精……。滅金虜，百工之事，於是大備。」

《牧庵集》〈懷遠大將軍招撫使王公神道碑〉：「諸侯王及功臣家，爭遣使十出，招匠天下。劉某以大丞相行尚書省于燕，亦遣公括祁蠡深三州匠為局，以公監之。」按：太宗十三年，劉敏行省于燕，故此次括匠，爲時雖晚，然其重視工匠，於此可以概見。

故兵力所及，輒大事搜掠工匠。

《多桑蒙古史》：「撒馬耳罕居民被殺者，為數亦眾，括餘民，成吉思汗取工匠三萬，分賞其諸子諸妻諸將。」

彼等悉被夷爲奴婢。

《多桑蒙古史》：「拖雷在平原施金座，坐其上，命引所掠將卒至，對眾斬之……。繼則分別男女幼童，配置諸宮……。惟工匠四百及童男女若干，得免死為奴，餘盡被殺。」

然於殺戮屠城中，唯工匠得以幸免。故人多冒入工匠，以求免死。

《靜修先生文集》〈武遂揚翁遺事〉：「保州屠城，惟匠者免。予冒入匠中，如予者亦甚眾。或欲精擇事能否？其一人默語之曰：能挾鋸，即匠也。」

《金華黃先生文集》〈奉議大夫同知諸路金玉總管府事陳公墓誌銘〉：「金之將亡中原云

擾，衣冠士族，強者僇，弱者俘，為自全之計者，或乘時崛起，爭相長雄，使人莫能犯。或自混雜流，而取容一時……。唯百工之事，有以利用，而無害於我，故君子寧屑為之。」

初則分從其主——諸王后妃將相，聚居其各有采邑，從事營造。

《蒙古社會制度史》：「所有被征服的地方，尤其是都市，從事手工業的職工，多被拘捕，做汗的氏族的總戰利品，分配給皇子們。皇子們可任意的使他們居住在自己領地內的都市裏，或劃出特別地區，使他們居住，從事勞動。」

後遂集中京師，設官管理。

《元文類》〈諸匠〉：「國家初定中夏，制作有程，乃鳩天下之工，聚之京師，分類置局，以考其程度，而給以食，復其戶（按：免爲奴隸），使得專於其藝。故我朝之諸工，制作精巧，咸勝往昔矣。」

唯斯時原爲奴隸之工匠，業經「放良」，已不復再是奴隸。所謂「放良」，除其奴籍，縱放爲民之謂。至其原因，或由於納財於主，或出於豪右恩恤，或因爲朝廷德政也。

《輟耕錄》〈奴婢〉：「亦有自願納財以求脫免奴籍，則主署執憑付之，名曰放良。」

《牧庵集》〈侍衛親軍都指揮使李公神道碑〉：「惟其弟有奴婢三千人，歲晚皆平民之。」

《元史》〈世祖〉：「歲己未……，凡所俘獲，悉縱之。」「二十七年，永昌站戶飢，賣子及奴產者甚眾，命甘肅省贖還。」

四、奴婢與俘虜之生活、工作與數量

奴婢與俘虜之生活，本極艱苦，若在戰時，則因轉戰千里，而無補給。故所在唯大事抄掠，因糧於敵，無則殺從馬以食。所以，俘奴之生活，更恒陷於飢寒交迫，疲弱不堪之悲慘境地。

《多桑蒙古史》：「不許俘虜殺牲畜為食，僅以韃靼人食餘牲畜之頭足臟腑與之。」

《新元史》〈劉敏傳〉：「十三歲……，盡室被俘，敏隸一大將麾下。一日，御營犒宴，敏輒入共坐共食，上見之，親問姓名。敏跪而自陳，並訴主將不見恤，無以自贍。上憐之，命改隸中宮。」

兼以戰地之一切勞役，工程構築，悉由彼等負之。

《多桑蒙古史》：「蒙古兵侵入一地，各方並進，分兵屠諸鄉居民。僅留若干俘虜，以供營地工程與圍城之用。」

《蒙韃備錄》：「掠其人民，以供驅使……。每名需草或柴薪或土石若干，晝夜迫逐，緩者殺之。迫逐填塞壕塹立平，或供鵝洞砲座等用。」

且每不惜數萬之傷亡，驅使輪番攻擊，晝夜不休。

《多桑蒙古史》：「設被圍著，不受其餌，抑不畏其威……，強俘虜及簽軍先登，更番攻擊，日夜不息，務使圍城中人，不能戰而後已。」

《蒙韃備錄》：「掠其人民……，不惜數萬，以此攻城壁，無不破者。」

《金史》〈赤盞合喜傳〉：「蒙古兵驅漢俘及婦女老幼，負薪填壕塹。城上箭鏃，四下如雨，頃刻壕為之平。」

逮敵人力疲，復擊以精銳。

《黑韃事略》：「或驅降俘，聽其戰敗，乘敵力竭，擊以精銳。」

故蒙元能橫掃歐亞，攻無不取。而其轉戰萬里，兵力所以不疲，傷亡甚少者，蓋皆造因於此。

《多桑蒙古史》：「由其在最危險之境況中，役使俘虜及輔助軍隊，種種事實，所以雖在長期遠征中，多數圍城流血之後，蒙古兵未見減少。」

當然其俘奴於斯時之生活與命運，亦可不言而喻。

《多桑蒙古史》：「役使所俘之多數俘虜，是皆因年幼貌美，而獲免之男女也。此輩不幸之人，命運較死於蒙古兵鋒鏑之下者，更為可憫。飢餓疲弱，待遇如同最賤之牲畜。」

迨至澄平之時，或使之給役左右。

《元朝祕史》：「如今咱去將那達達取了，其母古兒速說：那達達百姓歹氣息，衣服黑暗，取將來做甚麼？教遠著有者。若有生得好的婦女，將來教洗浴了，擠牛羊乳。」

或爲之放牧。

《元朝祕史》：「王罕心性惡……，且他在前七歲時，曾被蔑兒乞擄去舂碓。十三歲，又被塔塔兒和母子擄去，使他牧放。」

或驅之耕作，課以租賦。

《元史》〈張雄飛傳〉：「先是荊湖行省阿里海牙，以降民三千八百戶，沒入為家奴……，歲責其租賦。」

或以之償賜，用勸有功。

《元朝祕史》：「合答黑把禿兒名字的人說：我於正主（按：王罕），不忍教您奪去殺了，所以戰了三日，欲教他走得遠著。如今教我死呵，便死……。太祖說：不肯棄他主人，教逃命走得遠著，獨與我廝殺，豈不是丈夫，可以做伴來。教他領一百人，與忽亦勒答兒的妻子，永遠做奴婢使喚。」

更可令之伐征。

《元史》〈李忽蘭傳〉：「十年……附奏曰……，今蒙古漢軍，多非正身，率以驅奴代，宜嚴禁之。」

《元史》〈成宗本紀〉：「元貞二年……禁……蒙古軍以家奴代役者，罪之。仍令其奴別入兵籍，以其主資產之半畀之。軍將敢有縱之者，罷其職。」

用爲貨賂。

《元文類》〈平章政事廉文正神道碑〉：「王曰：民粗安矣，風教不可後，乃大興學，旦日視，至校官講授……。王既不納諸人贄金，見者輒獻所俘男女，王即受之，聽其完歸。」使之陪嫁。

《輟耕錄》〈奴婢〉：「又有陪嫁者，則標撥隨女出嫁者是也。」限令自贖。

《秋澗先生大全集》〈論撫治川蜀事狀〉：「軍前掠獲生口，不許贖買，將有夫婦及男女成丁者，配合作戶，官為給田。」按：元代因軍中可以掠民以爲奴隸，且可贖賣，故王惲任御史時，方有此狀。

加之官爲代贖。

《元史》〈世祖本紀〉：「至元二年……，統軍抄不花萬戶，懷都麾下軍士，所俘宋人九十三口，官贖為民。」

《幾輔通志》〈元龍虎上將軍董俊神道碑〉：「或為所掠，見之，必贖之，復其業。」按：此爲元代漢軍，見族人之被掠爲奴，心多憫之，遂出錢代贖，亦彼等於戰亂中，一大德政也。

故蒙軍將校，軍行所至，唯抄掠財貨生口是利。

《牧庵集》〈中書左丞姚文獻公神道碑〉：「將軍唯利剽殺，子女玉帛，悉歸其家。城無居民，野皆榛莽。」

《元文類》〈槀城董氏家傳〉：「他將利其子女是取，公曰：人降而奪之奴，仁者不可為……。南征時，人多歸公為奴，既全其家，歸悉縱為民。」

所以。蒙元奴婢之眾，以天下戶口而論，二分爲率，幾居其半。

《元文類》〈中書令耶律公神道碑〉：「時諸王大臣，及諸將校，所得驅口（按：奴隸），往往寄留各郡，幾居天下之半。」

權豪勢家，畜奴養婢，每動輒萬千百戶。

《續通鑑》：「至大二年……蘇約言：富家有蔽占民奴使之者，動輒千百家，有至萬家者。」

《元朝名臣事略》〈萬戶張忠武王〉：「公嘗以家人（按：奴婢）數千口，出為齊民。」

五、奴婢之管理與法令

成吉思汗因幼年部眾叛亡，致生活既苦，命運亦復坎坷。故始有部眾，即嚴懲奴隸之叛亡。

《元朝秘史》：「初虜蔑兒乞百姓時……，一半百姓反去，將台合勒山寨把住，成吉思命……沈白領右手軍去攻……。此時沈白攻破台合勒寨，將蔑兒乞人盡殺擄了。」

同書：「五個伴當將他拿了，送與成吉思。札木合令人對成吉思說：黑老鴉會拿鴨子，奴隸能拿主人……。成吉思說：自己正主敢拿的人，如何留得？將這人並他子孫，盡典刑了著。」

重獎其忠貞。

《元朝祕史》：「泰亦兀惕的官人塔兒忽台乞憐勒禿，因與成吉思有仇，避於林中。其家人失兒古額禿老人，並二子阿剌黑，納牙阿，（擬）將塔兒忽台乞憐勒禿欲獻與成吉思……。其子納牙阿說：若將他拿至帖木真處，必說我每拏了正主，難做伴當，必將咱每殺了，不如放回去。對帖木真說，我每本將塔兒忽台乞憐勒兀禿拏來，因是正主，心內不忍的上頭，放了回去……。至成吉思處備言其事，成吉思說：若你每將他拿來，我必殺你每（按：們），你每不忍，放了也好，所以特賞納牙阿。」按：後日納牙阿被除爲中軍萬戶，此亦爲張本。

後因俘奴日眾，遂設官管理。

《元史》〈張雄飛傳〉：「先是荊湖行省阿里海牙，以降民三千八百戶，沒入為家奴，自置吏治之，歲責其租賦。」

復因逃亡甚多。

《元文類》〈中書令耶律公神道碑〉：「時河南初破，被俘虜者（按：掠爲奴隸），不可勝計，大軍北還，逃出者十（之）八九。」

乃下令官爲追捕，且以爲叛。

《牧庵集》〈武略將軍知宏州程公神道碑〉：「岐雍民家奴，皆蜀俘。百十為曹，相煽亡歸，公悉止還。朝廷聞之，率以為反。遣特濟來按，事連其主，將盡誅之。公曰：民奴群逃，主何與知？」

不唯亡藏之法嚴。

《元文類》〈中書令耶律公神道碑〉：「有詔停留逃民（按：軍中掠俘爲奴之人民）及資給欲食者死。無問城郭保社，一家犯禁，餘並連坐。由是百姓惶駭，雖父子兄弟，一經俘虜，不敢正視。逃民無所得食，踣死道路者，踵相躡也。」

《元史》〈刑志〉「捕亡」：「諸奴婢背主而逃，杖七十七。引誘窩藏者，六十七。鄰人社長村里正，知不首捕者，三十七。關訊應捕人，受贓脫放者，依藏匿法論。寺觀軍營勢家影蔽及投下冒收為戶者，依藏匿論。」

且殺傷或淫辱其主者，律處極刑。

《元史》〈刑志〉「大惡」：「諸奴故殺其主者，凌遲處死。」「諸奴殺傷本主者，處死」「諸奴詬罵其主不遜者，杖一百七，居役二年，役滿歸其主。」

同書〈刑志〉「姦非」：「諸奴姦主女者，處死」「諸奴強姦，主妻者，處死。」

世祖以降，爲保障良民，即嚴禁以降爲奴。

《元史》〈刑志〉：「諸軍民官，輒隱藏降附人民，不令復業（按即夷為奴婢）者罪之。」

復禁籍沒良民。

《元史》〈刑志〉：「諸蒙古回回漢軍，前所俘人口，留家者為奴婢，外居附籍者，即為良民。己居外，復認為奴婢者，沒入其家財。」「諸妄認良民為奴，非理殘虐者，杖八十七。有官者，罷之。」

迨諸王既叛，爲削弱其力量，復令奴隸擒主叛歸者，得充宿衛，用資獎勵。故蒙元之與奴隸，亦不乏善政也。

《元史》〈文宗本紀〉：「詔諭中外曰：諸王王禪……等，兵敗而逃，有能擒獲者，授五品官……。家奴獲之者，得備宿衛。」

六、結　論

蒙古宗族之君臨中原，建行省，開運河。創海運，探河源。獎勵工藝，重視貿易。提倡宗教自由，開拓歐亞交通。疆域廣被，聲威遠播。不唯對國家民族之歷史文化，殊多豐偉之貢獻。即對西方之歷史文化，亦每多彌足稱頌之處。故吾人對其初臨華夏，因其草原舊俗，軍麾所至，輒大量掠民爲奴。流風所及，致其治下之色目漢南將校，豪右之家，亦無不畜掠奴隸甚眾。良不宜以中原農業文化之原則，評爲暴政，而予以苛責。兼以證諸歷史中之草原宗族，莫不如此。故蒙元之掠民爲奴，乃行其遺風舊制，爲其文化習俗使然，亦恂屬無可厚非之處耶！

（原載民國七十四年三月《中國邊政》八十九期）

十三世紀蒙古婦女之地位

一、前　言

十三世紀之蒙古婦女，因遊獵生活，故習於勞苦，嫻於駕車乘馬。致其在經濟，軍事，政治上之地位，無不大異於中原婦女，除其一般之情形，請參閱拙作〈十三世紀蒙人之婚姻制度及其有關問題〉外，茲分陳如後。

二、經濟上之地位

蒙古男性，僅負責武事，如作戰，獵捕，放牧，以及馴馬，練鷹等方面之工作。

《馬可波羅行紀》〈成吉思汗後之嗣君及韃靼人之風俗〉：「蓋男子僅打獵，練鷹，作適於貴人之一切武事也。」

《多桑蒙古史》：「男子不出獵捕之時，則多消磨其光陰於懶惰之中。」

張譯《馬哥孛羅遊記》〈這裏講成吉思汗以後君臨的歷代大可汗〉：「男子除去獵鷹，鬥鷹，捕鷹，和養鷹以外，沒有別的事情做。」

至於家庭生活之一切所需，如買賣，調理蓬車，架卸帳幕，揉製皮毛，供應衣食，以及剪羊毛，製氈帳，編毛索等，蓋由婦女任之，用能掌握家庭之經濟大權。

《馬可波羅行紀》〈成吉思汗後之嗣君及韃靼人之風俗〉：「婦女為其夫，作一切應作之事，如買賣，及家務之事，皆屬之。」

《蒙古社會制度史》：「婦女的活計，是調理蓬車，架卸帳幕，揉製毛皮……，又製毛氈，用作蒙古包。」

張譯《馬哥孛羅遊記》〈這裏講成吉思汗以後君臨的歷代大可汗〉：「所有買賣，和丈夫及家庭裏所需要的東西，皆是婦女們做的。」

《多桑蒙古史》：「成吉思汗云：設若夫在戰中，抑在獵中，其妻應整理家務，俾汗之使臣，或其他旅客，頓止其廬舍者，見其家整，而供應之食豐，此足為其夫之榮，則知妻之能，即可知夫之能。」

兼以享有財產之繼承權。

《多桑蒙古史》：「成吉思汗死時，遺有軍隊十二萬九千人，以十萬一千人付拖雷……，所餘二萬八千人，成吉思汗分給朮赤，察合台，窩闊台三子，各四千人……，其母月額倫，分得三千人。」

可以分享戰利品。

《蒙韃備錄》：「凡破城守，有所得，則以分數均之，自上及下，雖多寡每留一分為成吉思汗皇帝獻，餘物則敷俵有差，宰相等在於朔漠，不臨戎者，亦有其數焉。」

《元朝祕史》：「去征唐兀，以也遂夫人從行……。成吉思虜了唐兀惕百姓，殺其主不兒罕，滅其父母子孫……。唐兀惕百姓，多分與了他也遂夫人。」

復又有采邑封疆，賦稅所入，悉爲私財。

《黑韃事略》：「其地，自韃主偽后太子公主親族而下，各有疆界。其民戶，皆出牛馬車杖，人夫羊肉，馬嬭子為差發。蓋韃人分管草地，各出差發，貴賤無有一人得免者。」「其賦斂，謂之差發，賴馬而乳，須羊而食，皆視民戶畜牧之多寡而征之，猶漢法之上供也。」

《續通考》〈戶口考〉：「世祖至元十八年閏八月，以江南民戶，分賜諸王貴戚功臣。時先後受賜者，諸王五十六人，后妃公主九人，勳臣三十六人。」

《長春真人西遊記》：「入營，駐車南岸，車帳千百，日以湩酪，為漢夏公主，皆送寒具等食。」註謂：「《金史》〈宣宗紀〉，貞元二年三月，奉衛紹王公主，歸於大元太祖皇帝，是為公主皇后，即此記之漢公主也。」

故輒能擁貲至豐。

《黑韃事略》：「其賈販，則自韃主，以至偽諸王、偽太子、偽公主等，皆付回回以銀，或貸之民，而衍其息。」又「霆見其俗，一夫有數十妻，或百餘妻，一妻之畜產至富。」

逮定鼎中原，帝國政府，爲掌理后妃公主之財產，更爲之設置衆多之官署，歸其直轄。

《新元史》〈官志〉：「中政院，掌中宮財賦，并番衛之士，湯沐之邑。」

同書〈官志〉：「管理諸路怯憐口人匠都總管府……，十四年，改隸中宮。」

同書〈官志〉：「管理大都等路打捕鷹房牓粉人戶總管府……，大德十一年，撥隸皇太后位下……，皇慶元年，又屬皇后公主位下。」

《元史》〈官志〉：「管領打捕鷹房達魯花赤總管府，掌二皇后斡兒朵下，歲賜財物造作等事。」

凡此，皆迴異乎中原之景象焉。

三、軍事上之地位

蒙古婦女，身手矯健，習於勞苦，又極能架車乘馬。

《蒙韃備錄》〈婦女〉：「其婦……極能走馬。」

《多桑蒙古史》：「女子頗辛勤，助其夫牧養家畜，縫衣製氈，御車載駝，敢於騎馬，與男子同。」

《柳待制集》〈濼水秋風詞四首〉：「旋轉木皮斟禮酪，半籠羔帽敵風砂，丈夫射獵婦當御，水草肥美行處家。」

故每遇戰爭，無貴賤，多以妻妾從征。

《蒙韃備錄》〈婦女〉：「其俗，出師，不以貴賤，多帶妻孥而行。」

《蒙古與俄羅斯》：「他（按：成吉思汗）命令婦女，隨軍前進。」

《元朝祕史》：「太祖去征回回，命弟斡赤斤居守，以夫人忽蘭從行。」

《新元史》〈后妃・太祖也遂皇后〉：「從征西夏，太祖出獵墮馬，因不豫，也遂……力勸班師，太祖雖不用其言，而心以為忠。既滅西夏，盡以俘虜賜之。」按：也遂非后。

蓋以之管理衣物，行理，財貨，以及負責帳幕之架拆，鞍馬，輜重，車馱之收卸等工作。

《蒙韃備錄》〈婦女〉：「其俗出師……，多帶妻孥而行，自云，用以管行李衣服錢物之類。」「其婦女專管立帳幕，收卸鞍馬輜重車馱等物事。」

《蒙古與俄羅斯》：「他命令婦女……，當男子作戰時，代作其工作，並代盡其義務。」

人數之眾，每足以成軍，而利戰焉。

《元史譯文證補》〈附太祖訓言補輯〉：「我後登阿爾泰山，以望己營，我軍之多如林，從軍之女，亦可成隊。」

復能典兵出戰。

《聖武親征錄》：「烈祖早世，時上沖幼，部眾多歸泰亦烏。上聞近侍脫端大兒真亦將叛，自泣留之。脫端曰：今清潭已涸，堅石已碎，留復何為！遂去。上母月倫太后，麾旗將兵，躬追叛者，大半還。」

驍勇善戰，無讓鬚眉。

《聖武親征錄》：「札木合……以眾三萬來戰，上集諸部戒嚴，凡十三翼，月倫太后暨上昆仲為一翼……軍成大戰於荅蘭版朱思之野，札木合敗走。」按：此役爲太祖被部眾擁立伊始之一大惡戰。

《多桑蒙古史》：「拖雷進軍泥沙不兒……，脫合察兒之妻，成吉思汗之女也，將萬人入城，所見輒殺，如是四日，貓犬無遺。」

故對震鑠百代之蒙古武功，頗具貢獻，殊非中古以降，中原婦女，所能比擬。

四、政治上之地位

蒙古女性，無論於家族之中，廟堂之上，輒能參決大政，有高度之發言權。如也速該既卒，部眾之叛亡，蓋出諸俺巴孩之未亡人，斡兒伯，莎合台之倡議。

《元朝秘史》：「那年春間，俺巴孩皇帝的兩個夫人斡兒伯莎合台，祭祖宗時，訶額侖去得落後了，祭祀的茶飯不曾與。訶額侖說：也速該死了，我的兒子怕長不大麼道，大的每的胙肉分子，為甚不與……。斡兒伯莎合台那兩個夫人道……，論來呵，可將這母子每（按：們），撇下在營盤裏，休將他行。第二日起行時……，果然將他母子每撇了……。訶額侖親自上馬，教人拏了英槍，領著人去，將一半邀下了。那一半邀下的人，也不肯停住，都隨著泰亦赤兀惕去了。」

後日，成吉思汗決定脫離札木合之聯合放牧，誅除以巫師而頗獲部眾信仰之帖卜騰格里，即闊闊出，皆由乎皇后孛兒帖之諫請。

《元朝秘史》：「孛兒帖說：札木合安荅，人曾說他，好喜新厭舊，如今咱每行厭了也，恰才的言語，莫不欲圖謀咱每的意思有？咱們休下，就夜兼行著分離了好。帖木真道：孛兒帖說的是，依著不曾下，連夜兼行來著。」

《新元史》〈后妃・太祖光獻皇后〉：「巫者闊闊出，笞皇弟，斡赤斤泣告太祖，后聞之，愀然曰：汗在而小臣橫恣如是，倘百年後，能畏汗之子孫？太祖乃命斡赤斤，拉殺闊闊出。」

《元朝秘史》：「第四子名闊闊出，為巫，喚做帖卜騰格理，其兄弟七人比惡。」

及將西征，詔定儲貳，亦決於皇妃也遂之奏請焉。

《元朝祕史》：「太祖征回回……，臨行時，也遂夫人說：皇帝涉歷山川，遠去征戰，若一日倘不諱，四子中命誰為主，可令眾人先知。太祖說：也遂說的是。這等言語，兄弟兒子，并孛斡兒出等，皆不曾提說，我也忘了，於是問拙赤，我兒子內，你是最長的，說甚麼？拙赤未對，察阿歹說：父親問拙赤，莫非要委付他？他是篾兒乞種帶來的，俺如何教他管！纔說罷……，兄弟各將衣領揪著，孛斡兒出，木合里二人勸解，太祖默坐間，有闊闊搠思說：察阿歹你為什麼忙……，若你如此說，豈不傷著你母的……！太祖說：如何將拙赤那般說，我子中他最長，今後不可如此說。察阿歹微笑著說：拙赤的氣力技能，也不用爭，諸子中我與拙赤最長，願為父親並出氣力……，斡歌歹敦厚，可奉教訓。於是，太祖再問拙赤如何說。拙赤說：察阿歹已說了，俺二人並出氣力，教斡歌歹承繼者。」

復可出席朝會。

《馬可波羅行紀》〈名曰怯薛丹之禁衛一萬二千騎〉：「大汗開任何朝會之時，其列席之法如下：大汗之席，位置最高，坐於殿北，面南向。其第一妻坐其左，右方較低之處，諸皇子侄及親屬之座在焉。皇族等座更低，其座處，頭與大汗之足平……。婦女坐位亦同，蓋皇子侄及其也親屬之諸妻，坐於左方較低之處，諸大臣騎尉之妻，坐處更低。」

隨眾圍獵。

《多桑蒙古史》：「蒙古人圍獵時，有類出兵……。此種隊伍，各有將統之，其妻妾盡從……。汗先偕妻妾從者入圍，射取不可以數計之種種禽獸為樂。」

與宴朝廷慶典。

《元朝祕史》：「太祖因這些百姓來了，喜歡著，於斡難河邊做筵席。先於訶額侖并合撒兒，撒察別乞等行，放了一甕馬奶子。再於撒察小孃，額別該行，也放了一甕。」按：斯時太祖已被擁立，並上尊號曰成吉思。

《蒙韃備錄》〈婦女〉：「男女雜坐，更相酹勸不禁。北使入彼國，王者相見，即命以酒，同彼妻，賴蠻公主，及諸侍姬稱夫人者八人，皆共坐。凡諸飲宴無不同席。」

參加選汗之宗親大會。

《姚從吾先生全集》㈣《元朝史》：「右手大王察哈台、巴禿等，左手大王斡赤斤、也苦也孫格等，同在內的拖雷后妃等，諸王駙馬，並萬戶千戶等，於客魯漣河大聚著……，共立窩闊台做皇帝。」按：《元史》、《新元史》、《元朝祕史》、《元史譯文證補》、《聖武親征錄》、《多桑蒙古史》等，均無「后妃」二字。

《元史》〈武宗〉：「懷寧王……五月至上都，乙丑仁宗侍太后來會，左右部諸王畢至，會議……。甲申皇帝即位於上都。」

更能擁有封地采邑。

《蒙韃備錄》〈太子諸王〉：「成吉思皇帝……，女七人……，二公主曰阿里海百因，俗曰必姬夫人……，寡居，今領白韃靼國事，日逐看經，有婦女數千人事之。凡征伐斬殺，皆自己出。」

餘同前引。

統有百姓。

《元朝秘史》：「太祖將百姓，分與母親及弟與諸子說：共立國的是母親，兒子最長的是拙赤，諸弟最小的是斡惕赤斤，母親并斡惕赤斤處，共與了一萬百姓。」

主持朝廷賜賚之事。

《新元史》〈顯懿莊聖皇后〉：「太宗崩，諸王大臣，共立定宗，后主賞賚之事，優渥異常，內外稱善。」

雖非皇后，皇太后，亦能監臨軍國重事。

《新元史》〈后妃〉：「太祖女阿剌海別吉，封趙國大長公主，始適汪古部長子不顏昔班……。太祖征西域，公主留漢南，號監國公主……。侍女數千人，給事左右。軍國大事，雖木華黎亦稟命焉。」

召集選汗之宗親大會。

《元朝制度考》〈蒙古庫利爾台之研究〉：「此第二次庫利爾台，於一二五〇年春夏之交，以拖雷未亡人之名……，召集之。」

逮太宗以降，尤有女后臨朝稱制者再。

《元史》〈后妃〉：「太宗昭慈皇后，名脫別哥那，乃馬真氏，生定宗。歲辛丑十一月，太宗崩，后稱制攝國者五年。」

《新元史》〈后妃〉：「定宗欽淑皇后，斡兀立氏，諱海迷失，號三皇后。定宗崩，后臨朝稱制者四年，憲宗即位，后始歸政。」

至于預朝政，威福自恣，則猶爲餘事耳！

《元史》〈后妃〉：「太宗昭慈皇后……，丙午，會諸王百官，議立定宗，朝政多出於后。」

《續通鑑》：「至元二十年……，時帝春秋已高，后頗預朝政，相臣常不得見帝，輒因后以奏事。」

《新元史》〈后妃〉：「成宗卜魯罕皇后，伯牙吾氏……。后用事久，頗專制。十年，出帝兄荅剌麻八剌元妃及其子愛育黎拔八達，居於懷州。而妃長子懷寧王海山，方總兵居朔方。明年，帝崩，無子，后恐其兄弟立修怨，乃召安西王阿難荅至京師，謀立之。丞相阿忽台等，欲奉后垂簾聽政，而哈剌哈孫，已密報愛育黎拔八達先入，以計誅阿忽台等，清宮禁，迎立其兄，是為武宗……。構后以交通之罪……，賜死。」

同書〈后妃〉：「昭獻元聖皇后，宏吉剌氏……，成宗同母兄荅剌麻八剌元妃，武宗仁宗母……。性敏給，有權數，歷佐三朝，威福己出。內則黑驢母亦烈失八用事，外則幸臣失列門，紐鄰，及丞相鐵木迭兒，相牽黨緣為奸，以至箠辱平章張珪等，紊亂綱紀……。仁宗崩，后復以鐵木迭兒為右丞相。御史中丞楊朵兒只，中書平章政事蕭拜住，忤后旨，鐵木迭兒矯詔殺之……。初后以武宗長子和世㻋英偉，英宗弱易制，群小亦以立明宗，為不利於己，共擁戴英宗。既即位，太后來賀，見帝有剛毅之色，退曰：我不擬養此兒也，遂飲恨成疾，至治二年九月崩。」

故蒙古婦女之政治地位，有非中原婦女，所能抗頡者耶。

六、結　論

總之，十三世紀蒙古婦女之地位，所以異乎中原之婦女者，蓋因其能力有以致之，非徒習俗使然也！設非其身手矯健，習於勞苦，嫻於騎術，敢於作戰，復又多才藝，又安能望此焉！

（原載民國六十八年三月《中華婦女》二十九卷五、六期）

成吉思汗《大雅薩法典》與中原關係之蠡測

一、訂頒之始末

《大雅薩法典》，在蒙人認爲是成吉思汗，得自天授。

《蒙古與俄羅斯》：「全能的上帝，使成吉思汗……，從他的靈魂深處，毫無怠倦的學習歷史，毫無混淆的詳紀古代傳統，創造出政治家所有的規格。」旨在建世界之秩序與正義。

《多桑蒙古史》：「先是竊盜、通姦之事甚多，子不從其父，弟不從其兄。夫疑其妻，妻忤其夫。富不濟貧，下不敬上，而盜賊不罰。然我（按：元太祖）統一此一民族於我治下以後，我事前著手之事，則是使之有次序與正義。」

然實際上，《大雅薩法典》乃是一部，以蒙古習慣法爲基礎，再融以隣近諸國之法律規範之法典。

《蒙古與俄羅斯》：「雅薩在蒙古語中，作秩序與政令解，直到最近，多數史家，一致認為《大雅薩》，是一部蒙古習慣法的法典。」「《雅薩》的刑法，可能是部分的，以蒙古習慣法為基礎。但鄰近諸國的法律規範，對它也是不無影響。總而言之，《雅薩》的罰法，是較蒙古固有氏族，或部落的法律處分，遠為嚴峻。」

此項法典，以畏吾兒文寫成。

《多桑蒙古史》：「成吉思汗曾命將其法令教訓，用畏吾兒字，寫成蒙語，傳之國中蒙古青年，此種法規，名曰大法令 Yassa。」

爲帝國一切法律之基礎。

《蒙古與俄羅斯》：「他（按：元太祖）的法典，成為帝國一切法律之基本。」

自太祖元年，累經修訂，於二十一年完成。

《蒙古與俄羅斯》：「《大雅薩》是一二〇六年之庫烈爾台大會所公佈，但這僅是此一法典的初編。一二一〇年和一二一八年兩次庫烈爾台，均曾以新的律令增補。它最後的訂正，是在成吉思汗，自中亞細亞凱旋，征伐西夏之前的一二二六年頃。」

凡成吉思汗之每一子嗣，均須奉守不渝。

《蒙古與俄羅斯》：「成吉思汗殷望其所創造的法典，永不更易，命其繼承人，守法不渝。」

初期，嘗以察合台秉性嚴肅，忠誠守法，使之監督施行，而爲大雅薩法典之監護人。

《多桑蒙古史》：「成吉思汗以其次子察合台，秉性嚴肅，特命其監督法令之施行。」

《蒙古與俄羅斯》：「以次子察合台，忠誠守法，指派為雅薩的監護人。」

且每於重大集會及大宴時，輒加宣讀以爲訓。

《元詩紀事》〈柯九思宮詩十九首・自註〉：「凡大宴，世官掌金匱之書，必陳祖宗《大扎撒》以為訓。」

《多桑蒙古史》：「國有大事，諸王集議，取此卷子，本成吉思汗遺教，敬謹讀之。」

唯其視爲神聖，秘而不宣。

《蒙古與俄羅斯》：「成吉思汗後繼人等，相信《大雅薩》的神聖性，故不許其屬下人等，及外國人，知悉其內容。唯此事對於埃及，似屬例外。」

故每一蒙古君王，雖皆珍藏一部。

《蒙古與俄羅斯》：「在每一治世的成吉思汗子嗣庫中，均藏有一部。」

然時日既久，不免散帙，迄今已不復可窺其梗概矣！

《蒙古與俄羅斯》：「十三世紀至十五世紀，東方史家，雖證實有完整成部的《大雅薩》，但至今日，此種完整的本冊，已不存在。」

二、殘存之內容

關於殘存之內容，規定男子二十從軍，部隊以十百千萬爲建制。

《蒙古與俄羅斯》：「戰士徵自二十歲以上男子，每十人，百人，千人，萬人，各設隊長一人。」

婦女亦隨軍出征，俾便給役軍中。

《蒙古與俄羅斯》：「他命令婦女隨軍前進，當男子作戰時，代其工作，並代盡其義務。」

凡殺人，竊盜，通姦，雞姦，收留逃奴，以巫蠱害人，決鬥偏袒其一，以及拾遺不歸還失主者，悉處死刑。

《多桑蒙古史》：「其法典，對於殺人，竊盜，通姦，雞姦等罪，處以死刑……，其收留逃奴，或拾遺者，其戰中，拾得衣物或兵械，不歸還其主者，其以巫蠱害人者，其在決鬥中，偏助一方者，並處死刑。」

而其他論死者，尚有第三次喪失他人寄託之財貨者。

《蒙古與俄羅斯》：「凡取運貨物而破產者，倘在取運貨物而破產，可取運貨物一次，倘再破產，其人第三次破產後，將處以死刑。」

《多桑蒙古史》：「其法典，對於……其於第三次，喪失他人寄託之財貨……，處死刑。」

竊馬而無力繳納罰款者。

《蒙古與俄羅斯》：「其對……竊馬而無力繳納罰金者，并處死刑。」

觸犯禁忌者。

《多桑蒙古史》：「成吉思汗曾以韃靼氏族之若干迷信，訂入法律……。故嚴禁溺于水中，或灰燼之上。嚴禁跨火，跨棹，跨碟……。」

《元文類》〈中書令耶律公神道碑〉：「太宗即位……，諸國來朝者，多冒禁，應死。公言：陛下新登寶位，願無污白道子，從之。蓋國俗尚白以白為吉故也。」

此外，強調平等。

《蒙古與俄羅斯》：「每人的工作都平等，不因其人的財富，及重要性而差別。」

勿偽證，勿出買他人，要尊敬老者及窮人。

《蒙古與俄羅斯》：「第一你們要相愛，第二不要姦淫，不要竊盜，不要偽證，不要出買任何人，尊敬老者與窮人。」

優禮賢德與隱遺之士。

《蒙古與俄羅斯》：「任何人都要稱讚崇敬純正、無邪、正義、碩學賢德的人，而不論他屬於那一種人。」

同書引《外尼書》：「他卻尊重任何部族中，被人敬愛的賢哲與隱士，認為這是使上帝喜悅的方法之一。」

對於宗教，則一視同仁，並豁免其一切役賦。

《蒙古與俄羅斯》：「他命令尊重所有的宗教，但不令其中之一，享有優先權……。對各宗教的僧侶、醫生及學者，豁免了一般的服役及賦稅。」

至於《蒙韃備錄》、《黑韃事略》所載，草生而斸地，或遺火而燒草者，誅其家。說謊，拾遺，履閾，箠馬面目，相與淫奔，以及作戰不用命者，並處死刑。

《蒙韃備錄》：「凡諸臨敵，不用命者，雖貴必誅。」

《黑韃事略》：「霆見其一法最好，說謊者死……。其國，禁草生而斸地者，遺火而爇草者，誅其家。拾遺者，履閾者，箠馬之面目者，相與淫奔者，誅其身。」

此外，婦女隨軍前進。竊盜者處死，並沒其妻孥畜產，以爲賠償。

《蒙韃備錄》：「其俗出師，不以貴賤，多帶妻孥而行。自云；以管行李衣服錢物之類。」

《黑韃事略》：「其犯寇者殺之，沒其妻子畜產，以入受寇之家。」

亦當爲《大雅薩法典》之內容，蓋孟徐二氏所記，皆蒙古之習慣法。竊盜，拾遺，姦淫者論死，以及婦女隨軍前進，既已爲《大雅薩法典》所融入，已如前引。則其餘，應被採錄，似屬必然，而極有可能。

三、《大雅薩法典》雖嘗行之於中原，唯時地極其有限

自太祖六年，親將南征，迄十年攻佔金之中都，其間雖攻城略地，使大河以北，蕩無完城。《元史》〈太祖〉：「六年……二月，帝自將南征，敗金將定薛於野狐嶺，取大水濼，豐利等縣……。九月拔德興府，居庸關守將遁去，遂入關抵中都……。皇子朮赤、察合台、窩闊台，分徇雲內東勝武朔等州下之。」同書〈太祖〉：「八年……冬十月，帝自將大軍，攻克涿易二州。分兵三道，命皇子朮赤、察合台、窩闊台為右軍，循太行西南，取保遂……相衛……平陽太原……代武等州。皇弟合撒兒、斡陳那顏、布札為左軍，循海而東，取平灤薊諸州。帝與皇子拖雷為中軍，取雄霸……濮開……泰安濟南……登萊等州。別遣木華黎等，攻密州。凡克九十餘城，兩河山東數千里之地，望風瓦解，惟中都……十一城不下。」同書〈太祖〉：「九年甲戌春三月，駐蹕中部北郊……。金遂遣使求和……，送帝出居庸。夏五月，金主遷汴……，詔三摸合、石抹明安與斫荅等圍中都。」《元遺山先生集》〈廣威將軍郭君墓表〉：「貞祐初，中夏被兵，二年春，兵北歸，既破平陽，取道太原……。自北兵長驅而南，燕趙齊魏，蕩無完城。」

然除契丹、漢人、女眞之降人，皆因其原官而授之。《元史》〈百官志〉：「金人來歸者，因其原官，若行省，若元帥，則以行省、元帥授之。草創之初，固未暇為經久之規也。」

如劉伯林、王珣、史秉直、移剌捏兒等，仍屯故地外，並未設官駐兵，以爲監守。

《新元史》〈劉伯林〉：「太祖圍威寧，伯林……降。帝問伯林在金為何官？對曰：都提控，即以元帥授之。命選士卒為一軍，與太傅耶律禿花，招降山後諸州。太祖北還，留伯林屯天成堡。」

《新元史》〈王珣〉：「本耶律氏……，太祖十年，木華黎略地奚霫，珣率眾出迎，承制以珣為元帥，兼領義川二州事。」

《新元史》〈史秉直〉：「太祖八年，木華黎率師南伐……，即率民萬人，詣州軍門降。木華黎……乃以子天倪為萬戶，命秉直統降人屯霸州。」

《新元史》〈移剌捏兒〉：「契丹人……，聞太祖起兵……，率其眾百餘百人來降……，太祖十年，授兵馬都元帥……。木華黎圍鳳翔先登……。遷軍民都達魯花、都提控元帥、兼興勝府尹。」

逮燕京既下，始以石抹明安、耶律忙古台，移剌淺守中都。

《新元史》〈石抹明安〉：「九年……五月，金丞相完顏承暉仰葯死，中都……請降……。明安遣使告捷，即以明安守中都，加太傅，兼管蒙古漢軍兵馬大元帥。」

《新元史》〈耶律阿海〉：「三子，長忙古台……，佩金符……，管領契丹漢軍，守中都。」

《新元史》〈阿剌淺〉：「西域賽夷人……，太祖入中都……，北還，留阿剌淺與石抹明安等守中都，授黃河以北，鐵門以南，天下都達魯花赤。」

塔察兒、紹古兒、賽典赤贍赤丁等，典燕南察北一帶。

《新元史》〈塔察兒〉：「許兀慎氏……，大兵略定燕趙，命為燕南斷事官。」

《元史》〈紹古兒〉：「麥里吉台氏，太祖時，同飲班朱尼河之水，扈從親征，已而從破信安……，授磁洛等路都達魯花赤。」

《新元史》〈賽典赤贍思丁〉：「回回人……，太祖即位，授淨雲內三州達魯花赤。改平陽太原二路達魯花赤，遷燕京斷事官。」

及木華黎受命專征。

《新元史》〈木華黎〉：「十二年……，詔封太師國王、都行省承制事……。諭曰：太行以北，朕自經略。太行以南，卿其勉之。賜大駕所建九斿旗……，乃建行省於中都，以略中原。」

方承制命少數蒙古諸將，如按札兒、梭魯忽禿等，率蒙古軍，探馬赤軍，分屯各地，以爲鎭守。

《新元史》〈按札兒〉：「客列亦客別干氏……，隸木華黎麾下，充五先鋒之一。太祖十四年，河中府降，木華黎北還，以按札兒領總帥，攝國事，領所部屯平陽。」

《元史》〈木華黎〉：「入濟南，嚴實籍所隸魏相磁洺，恩博滑濬等州，戶三十萬，詣軍門降……。以實權山東東西路行省事……，留梭魯忽禿，以蒙古兵三千守之。」

故《大雅薩法典》，已隨蒙古軍力之擴張，及設官屯兵，漸行之於中原。

《蒙古與俄羅斯》：「蒙古用兵漢地之初，一切都是軍事管理，蒙古的統帥，就是民政長官，謹遵成吉思汗法典為法律。」

然由於蒙軍攻略時期，動輒屠城。

《元文類》〈中書令耶律公神道碑〉：「國制，凡敵拒命，矢口一發，則殺無赦。」

《靜修先生文集》〈孝子白君墓表〉：「貞祐元年十二月十有七日，保州陷，盡驅居民出，而君及其父與焉。是夕下令，老者殺。卒聞命，以殺為嘻……。後兩日，再下令，無老幼盡殺。」

《牧庵集》〈懷遠大將軍招撫王公神道碑〉：「大兵及城（按：䶕），砲死蕭大夫（按：也先），兩軍憤厲，鼓屠其城，無噍類遺。」

殺戮極慘。

《靜修先生文集》〈武遂楊翁遺事〉：「昔者二十餘，遇保州抄騎，自己十餘創，即伏地而死矣！其一人，復抽刀由背刺至地而去。是時，豈復憶生於天地之間六十餘年也。」

《元朝名臣事略》〈國信使郝文忠公〉：「金季亂離，父母挈之河南，偕眾避兵，潛匿窟室，兵士偵知，燎煙于穴，鬱死百餘人。」

人民幾逃亡死傷殆盡，故雖有《大雅薩法典》，其又將安用！

《牧庵集》〈故從事郎真州路總管府經歷呂君神道碑銘并序〉：「河朔干戈弗靖者，皆二十年，生齒耗亡十七，何譜牒之能存。」

《青崖集》〈易州太守盧君行狀〉：「金貞祐間，先太守以功受易州軍事判官。時河朔諸豪並起，各以力相雄長，生民糜滅幾盡。」

逮殺伐既定，復因《大雅薩法典》，乃以蒙古習慣法為基礎之草原法典，既無法適應高文化之中原農業地區，而絕大多數之非蒙籍官吏，又因《大雅薩法典》秘而不宣，不知其內容，遂致所在官吏，循用金律，以為斷獄，治事，牧民之依據。

《蒙古與俄羅斯》：「這對頗具有古老文化，定居的農業中國，有所不合。故軍事破壞時代過去後，蒙古的統治者，不得不承認中國固有的法律典章。在佔領華北後，蒙古的帝王，曾以金朝法律中，其與成吉思汗法典，不相抵觸者，為有關漢人之法律。」

《新元史》〈刑志〉：「蒙古初入中原，百司裁決，率依金律。」

所以，《大雅薩法典》，雖實行於中原，然其為時短，其地狹，當洵非虛妄之論。

四、蒙元中原之律令，每與《大雅薩法典》相背馳

太祖六年，因郭寶玉建言，頒條劃五章，為蒙人進入中原後，一代制法之始。

《新元史》〈刑志〉：「太祖六年，敗金人於烏沙堡，得金降將郭寶玉，上言建國之初，宜頒新法，帝從之……。於是條劃五章……，是為一代制法之始。。」《元史》〈郭寶玉〉：「於是條劃五章，如出軍不得妄殺；刑獄惟重罪處死，其他餘犯，量情笞決；軍戶蒙古色目人，每丁起一軍。漢人有田四頃，人三丁者，僉一軍；年十五以上成丁，六十破老；站戶與軍戶，同匠民，限地一頃；僧道無益於國，有損於民者，悉禁止之。類皆寶玉所陳也。」

迨太宗之世，復兩頒條令。一在元年，即耶律楚材便宜十八事。

《新元史》〈刑志〉：「太宗即位，楚材又條陳便宜十八事……，皆著為令。」《元史》〈耶律楚材〉：「且條便宜十八事，頒行天下。其略言：郡宜置長吏牧民，設萬戶總軍，使勢均力敵，以遏驕橫；中原之地，財用所出，宜存恤其民，州縣非奉上命，敢擅行科差者罪之；貿易借貸官物者罪之；蒙古回鶻河西諸人，種地不納稅者死；監主自盜官物者死；應犯死罪者，具由申奏，待報，然後行刑；貢獻禮物，為害非輕，深宜禁斷。帝悉從之。」

一在六年，即大會諸王，所頒之《大札薩克》十一條。

《新元史》〈太宗〉：「六年……，帝幸荅蘭荅八思之地，大會諸王百官，頒《大札薩克》，以令於眾曰：凡當會不赴，而私宴者斬；諸出入宮禁，各有從者，男女上限十人，出入勿得相雜；軍中凡十人，置甲長一，聽其指揮，專擅者罪其甲長。以事來宮中，置權攝一人，甲外一人，二人不得擅自來往，違者罪之；諸公事，非當言而言者，拳其耳，再犯笞，三犯杖，四犯論死；諸千戶越萬戶前行者，以木鏃射之。百戶甲長諸軍，有犯其犯，同諸軍；甲內數不足，於近翼抽補足之；諸人或居室，或在軍中，毋敢喧呼；凡來會用善馬，五十匹為羈，守者五人，飼羸馬三人，守乞烈思三人；但盜馬一二者，即論死；諸人馬不應絆於乞烈思內者，輒沒與畜虎豹人；諸婦人製質孫燕服，不如法者。或妒者，乘以驏牛，徇部中論罪，即斂財為更娶。」

然上述所頒三次律令內容，與前引之《大雅薩法典》相較，除十進位之部隊建制，及盜馬者死相同外。餘若對宗教之態度，固有南轅北轍之別。一對宗教深加優禮，一視宗教爲無益。即對成丁出征之年齡，亦自二十歲，提前爲十五歲，致二者大相岐異。至於強調平等，尊敬賢德隱遺，老人貧者，以及免學者之役賦，就史料而論，則尤與《大雅薩法典》背道而馳。

《疊山集》〈送方伯載歸三山序〉：「大元制典，人有十等。一官二吏。先之者，貴之也……。七匠，八娼，九儒，十丐。後之者，賤之也。」

《續文獻通考》〈選舉考〉：「延祐二年三月，始開科。分進士為左右榜，蒙古色目為右（按：蒙人尚右），漢人南人為左……。凡蒙古由科舉出身者，授從六品，色目漢人，遞降一級。」

《蒙韃備錄》：「韃人賤老貴壯。」

《黑韃事略》：「霆在燕京，見差胡丞相（按：忽都虎）來，黷貨更可怕，下及教學行，乞兒行，皆出銀作差發。」

《新元史》〈高智耀〉：「太宗召見……，上言曰：儒者給復已久，不宜與廝養同役，請除之。」

再以後日之元律相較，除殺人者死，與《大雅薩法典》相同外。

《元史》〈刑志・殺傷〉：「諸殺人者死，仍於家屬徵燒埋銀五十兩，給苦主。」

餘則豈唯竊盜，姦淫，盜馬，收留逃奴者死。以及草生而遺火爇草者，誅其家，悉爲元律所不取。

《元史》〈刑志・盜賊〉：「諸竊盜，初犯刺左臂……。諸強盜，初犯刺項，並充景跡人，官司以法拘驗關防之。」

《元史》〈刑志・姦非〉：「諸和姦者杖七十七，有夫者杖八十七，誘姦婦逃者，加一等，男女同罪。」

《元史》〈刑志・盜賊〉：「諸盜駝馬牛驢騾，一賠九。盜駱駝者，初犯為首九十七，徒二年……。出軍盜馬者，初犯為首八十七，徒二年。」

《元史》〈刑志・捕亡〉：「諸奴婢背主而逃，杖七十七。誘引窩藏者，杖六十七。」

《元史》〈刑志・禁令〉：「諸煎鹽草地，輒縱火延燒者，杖八十七。因至闕用者，奏取聖裁。」

即雞姦，說謊，婦女隨軍出征，觸犯禁忌，巫蠱害人，箠馬面目，拾遺，決鬥偏袒其一，三次喪失他人寄託之財貨者，並行處死，草生而斸地者，誅其家，更概爲元律所摒棄。

按：《元史》〈刑志〉中，「姦非」無雞姦，「詐僞」、「訴訟」無說謊，「軍律」無婦女隨軍出征，「禁令」無觸犯禁忌，巫蠱害人，箠馬面目，「詐僞」無拾遺，決鬥偏袒其一，及三次喪失他人寄託財貨之條文與懲罰。

五、《大雅薩法典》為中原文化所淘汰

總之，《大雅薩法典》本是以蒙古習慣法爲基礎之法典，後雖累經修訂，並曾對中亞細亞，小亞細亞之風土文化，加以融合，以便能適應於整個龐大之帝國。然實際上，仍是一部草原游牧文化之法典。故蒙軍進入中原之始，《大雅薩法典》即已勢同鑿枘，無法適應。以致其在中原之實施，不僅時間短暫，地區有限。且迅速爲中原農業文化所掏汰、所取代。

至於蒙古之習慣法，雖對元律有所影響（請參閱拙著《元史論叢》之〈元代法律之特色〉）。然就一代名震中外之《大雅薩法典》，所殘存之條文而論，其精神，其影響，已完全消失於，以中原文化爲基礎之元代法律之中。

考古今中外，凡草原游牧部族，進入農業地區者，由於其習於勞苦，生活條件與戰鬥條件一致，故無如疾風迅雷，橫掃一切，造成極大之震撼與破壞。唯其有國之時間，則恒視其吸取農業文化之多寡而定。多者，固國運較久，然亦每爲融合於無形。少者，則迅速覆滅，或重返大草原之中。前者，滿清爲其代表。後者，蒙元爲其典型。故徒具武力，不足以久昌，必須文化武力二者兼備，始克締造出輝煌燦爛之盛世時代。

（原載民國五十六年三月《中國邊政》十七期）

十三世紀蒙古習俗與塞北部族習俗之比較

民族文化之形成，除生存環境之自然因素外，亦受其縱橫關係之人爲因素所操縱。若趙武靈王胡服騎射，若殷因禮於夏，是皆受其縱橫關係所影響之明證。復尤有進者，習俗爲文化表徵之一。故從蒙古習俗，與吾國塞北部族習俗之比較研究，或可略窺其文化之源流情形。

一、喪　葬

蒙人死葬，不封不樹。

《黑韃事略》：「其墓無塚，以馬踐蹂，使如平地。」

《元史譯文證補》：「葬後經馬踐蹂，迨樹皆叢生，漸成密林，即不辨墓之所在。」

《草木子》：「元世葬法，深埋之後，用萬馬蹴平，俟草青方解嚴，則已蔓同平坡，無復考誌遺跡。」

《多桑蒙古史》：「葬畢，以萬騎蹴之使平，殺駱駝子於其上，以千騎守之。來歲春草既生，則移帳散去，彌望平衍，人莫知也。欲祭時，則（以）殺駱駝之母為導，視其躑躅悲鳴之處，則知葬所矣，故易世之久，子孫亦不能知也。」

類匈奴、靺鞨之俗。

《史記》〈匈奴傳〉：「其送死，有棺槨金銀衣裘，而無封樹。」

《舊唐書》：「靺鞨……死者，穿地埋之，以身襯土，無棺斂之具。」

然高車露穴不掩。

《魏書》〈高車傳〉：「其死亡送葬，掘地作坎，坐屍於中，張臂引弓，佩刀，挾矟，無異於生，而露坎不掩。」

突厥立石志勇。

《北史》〈突厥傳〉：「表為塋，立屋中，圖畫死者形儀，及其生時所戰陣狀。常殺一人，則立一石，有至千百者。」

與夫契丹天葬，皆大異蒙俗。

《新唐書》：「契丹本東胡種……死不墓，以馬載尸入山，置於樹顛。子孫死，父母旦夕哭，父母死則否。亦無喪期。」

按不封不樹。

《周禮疏》曰：「不積土為封，不標墓以樹。」

故蒙人死葬，亦與古華夏同風。

《禮記》〈王制〉：「庶人縣封……不封不樹。」

《易經》〈繫辭〉：「古之葬者……不封不樹，喪期無數。後世聖人，易以棺槨，蓋取諸大過。」

有燒飯之儀，

《元史》〈國俗舊禮〉：「凡宮車宴駕……，日三次用羊奠祭……。葬官三員，居三里外，日一次，燒飯致祭三年然後返。」「凡帝后有疾危殆，亦移居外氈帳房，有不諱，則就殯殮於其中。葬後每日用羊二次，燒飯以為祭。」

《元朝祕史》：「將我似燒飯撇了。」

若契丹女眞然。

《三朝北盟會編》：「死者埋之無棺槨……祭祀飲食之物，盡焚之，謂之燒飯。」「拋盞燒飯，虜俗也。」

復行殉葬，

《多桑蒙古史》：「選美女四十人，盛其衣飾，遣之往事成吉思汗於地下，並以駿馬殉之。」「及葬，則在墓旁，以其愛馬，備具鞍轡，並器具弓矢殉之。」「連同貴重物品，置墓中。」

《馬可波羅行紀》：「運載遺體歸葬之時，運載遺體之人，在道見人輒殺。時語之云：往事汝王於彼世……。對於馬匹亦然。蓋君主死時，彼等殺其所乘良馬，俾其在彼世乘騎。」

同匈奴、契丹、女眞與殷人之俗。

《史記》〈匈奴傳〉：「其送死……，近幸臣妾，從死者多至數千百人。」

《新唐書》〈回紇傳〉：「俄而可汗死，國人欲以主殉。主曰：中國人婿死，朝夕臨喪，期三年，此終禮也。回紇萬里結婚，本慕中國，吾不可以殉，乃止。然劈面哭，亦從其俗。」

《三朝北盟會編》：「貴者，生焚其所寵奴婢，所乘鞍馬，以殉之。」

《大陸雜誌》〈殷代宮室及陵墓〉：「西區八個大墓，當以第一個亞形墓，殉葬器物最富，殺人最多。」「殷代王室……，慘酷的殺人殉葬，在他們的陵墓中，充分的呈現出來。」

二、婚　嫁

蒙人多妻。

《元朝祕史》：「成吉思汗再對豁兒赤說……，這投降的百姓內，好婦人女子，從你揀三十個。」

《黑韃事略》：「其俗一夫有數十，或百餘妻……。成吉思汗立法，只要其種類子孫蕃衍，不許有妒忌者。」

《馬可波羅行紀》：「婚姻之法如下：各人之力，如足贍養，可娶至於百數。」

《多桑蒙古史》：「其人妻妾之數，任其娶取，能贍養若干，即娶若干」「成吉思汗之妻妾近五百人。」「窩闊召有妻數人，妾六十人。」

有契丹之風。

《三朝北盟會編》：「無論貴賤，人皆有數妻。」

復行蒸報。

《岷峨山人譯語》：「胡俗，婦喪夫，家中男子即收為妻妾，父子兄弟不論也。他適，則人笑其不能贍其婦。」

《元朝祕史》：「察剌孩領忽，收嫂為妻。」

《輟耕錄》：「即收兄拜住忽兒妻。」

《馬可波羅行紀》：「韃靼可娶其從兄妹，父死可娶其父之妻，惟不娶生母耳。娶者為長子，他子則否。兄弟死，亦娶兄弟之妻。」

《多桑蒙古史》：「為子者，除生母外，當能娶其父之寡婦為妻。」

《普蘭迦兒賓紀行》：「拔都命此叔嫂二人，依韃靼俗成婚。嫂答曰：此事背教，寧死不從。然韃靼人強配之。」

與匈奴、突厥、烏桓、契丹、女眞，及古華夏同俗。

《史記》〈匈奴傳〉：「父死妻其後母，兄弟死，皆取其妻妻之。」

《北史》〈突厥傳〉：「父兄伯叔死，子弟及侄等，妻其後母。世叔母、嫂。唯尊者不得下淫。」

《後漢書》〈烏桓傳〉：「其俗，妻後母，報寡嫂。」

《三朝北盟會編》：「父死妻其母，兄弟則妻其嫂，叔伯死則侄亦並如之。」

《左傳》：「衛宣公烝於夷姜，生急子。」「文公報鄭子之妃。」「晉獻公蒸於齊姜，生穆公夫人及太子申生。」

然不忌婚寡婦，無高車之諱。

《元朝祕史》：「那裏將塔陽母兒別速來……，成吉思汗遂納了。」

《魏書》〈高車傳〉：「頗諱娶寡婦，而優憐之。」

行服務婚。

《元朝祕史》：「帖木真九歲時，他父親也速該將他引往母舅斡勒忽納氏處……，遇著一翁吉剌氏人薛德禪……，當日就在他家宿了……。我將女兒與你兒子，你兒子留在這裏做女婿……也速該……就留下他一個從馬做定禮去了。」

亦間行掠奪婚，

《元朝祕史》：「初孛兒乞百姓時，將脫黑脫阿子忽都的妻，與了斡歌歹。」

同書：「那時太祖的父也速該把阿禿兒，在斡難河放鷹，見蔑兒乞的人，名也客赤列都，於斡勒忽納氏娶的妻，引將來。也速該把阿禿望見那婦人，生得有顏色，隨即走回家去，引他哥哥捏坤太子，弟答里台斡赤斤來了。兄弟每來到時，也客赤列都見了恐懼，即便打著馬……到他妻車子根前。其妻說：那三個人的顏色，好生不善，必害了你性命，你快走去……。也速該把阿禿兒……因此上將回去……做了妻。」

及冥婚。

《馬可波羅行紀》：「設有未嫁而死，而他人亦有子未娶而死者，兩家父母大行婚儀，舉行冥婚，婚約立後焚之，謂其子女在彼世獲知其已婚配。已而兩家父母，互稱姻戚，與子女生時婚姻無別。」

類鐵勒、烏桓、契丹、女眞之風。

《北史》〈鐵勒傳〉：「其俗大抵與突厥同。唯丈夫婚畢，便就妻家，待產乳男女，然後歸舍。」

《後漢書》〈烏桓傳〉：「送……畜以為聘幣，婿隨妻還家……，為妻家僕役，一二年間，妻家厚遣送女歸。」

《大金國志》：「既成婚，留于婦家，執僕隸役，三年然後以婦歸。」

妻若財貨，得贈他人。

《新元史》〈朮赤台傳〉：「太祖稱尊號，授千戶命統兀魯特部，世世勿替。又賜宮嬪亦巴合，以償其功。即札合敢不之女也……。或謂太祖一日得惡夢不懌，遂以亦巴合。賜朮赤台。」

姊妹可分嫁父子，無長幼之別。

《元朝祕史》：「王罕弟札合敢不有二女，長名亦巴合，太祖自娶了。次女名莎兒合塔泥，與了拖雷。」

然相與淫奔者，懸爲國禁。

《黑韃事略》：「相與淫奔者，均誅其身。」

《馬可波羅行紀》：「韃靼人無論如何，不私他人之妻。」

三、信仰

蒙人敬天。

《蒙韃備錄》：「凡飲酒，先酹之，其俗最敬天地。」

《黑韃事略》：「其常談，必曰：托著長生天底氣力，可汗的福蔭。彼所欲為之事，則曰：

天教怎地。人所已為之事，則曰天識著。無一事不歸之天。自韃主至其民，無不然。」

《多桑蒙古史》：「承認有一主宰，與天合，名之曰騰格里。」

類匈奴、突厥、契丹之俗。

《後漢書》〈匈奴傳〉：「匈奴俗，歲有三龍祠，常以正月、五月、九月戊日，祭天神。」

《北史》〈突厥傳〉：「又以五月中旬，集他人水，拜祭天神……。」

《遼史》〈禮志〉：「設天神地祇位，東向……，皇帝皇后主祭。」

拜日。

《元朝祕史》：「說訖，向日……跪了九跪，將馬嬭子灑奠了。」

《多桑蒙古史》：「出帳南向，對日跪拜，奠酒於地，以酧天體五行。」

《多桑蒙古史》：「新君（按：太宗）率領會中諸人，出帳對日三拜。」「奉貴由坐金座上……，朝賀畢，率諸宗王統將者，出帳對太陽三拜。」

且爲立君之儀。

有匈奴、契丹、女眞之風。

《史記》〈匈奴傳〉：「單于朝出營，拜日之始生，夕拜月。」

《遼史》〈禮志〉：「皇帝升露臺，設褥，向日再拜。」

《金史》〈禮志〉：「元旦，則拜日。」

信卜。

《蒙韃備錄》：「凡占卜吉凶，進退，殺伐，每用羊骨扇，以鐵椎火椎之，看其兆坼，決以大事，類龜卜也。」

《黑韃事略》：「其占筮，則灼羊髀子骨，驗其文理之逆順，而辨其吉凶。天棄天予，一決於此，信之甚篤，謂之燒琵琶，事無纖粟不占，占不再四不已。」

《多桑蒙古史》：「吾人入宮時，見一侍者，持火炙羊胛骨出，黑如薪炭，我頗異之。詢其故，始知此地之人，凡有事，必須先炙羊胛，以卜吉凶。」

酷似殷人。

容庚《中國文字學》：「商人尚鬼。祭祀，征伐，田漁……，無事不以卜。」

尚巫。

《多桑蒙古史》：「成吉思汗……遵從沙滿教之陋儀。」

《元史》〈憲宗本紀〉：「酷信巫覡之術，凡行事必謹叩，殆無虛日，信之篤，終不自厭也。」

《元朝祕史》：「斡哥歹忽得疾，昏憒失音。命巫師卜之，言仍金國山川之神……為祟。」

與突厥、高車、契丹、女眞及殷商同俗。

《北史》〈突厥傳〉：「敬鬼神，信巫。」

《魏書》〈高車傳〉：「女巫祝說，似如中國祓除。」

《三朝北盟會編》：「其疾病無醫藥，尚巫祝。病則巫者殺豬狗以禳之，盛車載病人至深山大谷以避之。」「珊蠻者，女真語巫嫗也，以其通變為神。」

《黑龍江外紀》：「達呼爾病……，召薩瑪珊蠻跳神禳之。薩瑪，巫覡也。」

《史記》〈殷本紀〉：「祖乙立，殷復興，巫賢任職。」「巫咸治王室。」

畏雷。

《黑韃事略》：「霆見韃人每聞雷霆，必掩耳屈身於地，若躲避狀。」「遭雷與火者，盡棄其資畜而逃，必期年而後返。」

《蒙韃備錄》：「聞雷聲，則恐懼不敢行師，曰天叫也。」

《多桑蒙古史》：「設有一人遭雷殛，則遠徙其帳幕及親屬，三年之中，其家人不得入帝室……。」

殊異於高車、兀良合之風。

《魏書》〈高車傳〉：「喜致震霆，每震則叫呼射天，棄之移去。至來歲秋馬肥，復相率候於震所。」

《多桑蒙古史》引剌失德書：「蒙古兀良合部人，卻止風暴，則詈天及雷電。其他蒙古人則反是，設有雷鳴，則藏伏於盧帳，不敢出。」

祭不兒罕山。

《元朝祕史》：「我的小性命，被不兒罕山遮救了。這山久後常祭祀，我的子子孫孫也一般祭祀。」

多桑引《公爵阿海北京紀引》：「答兒罕山延而南……，其南麓下，有蒙古人積石成之鄂畢，蒙古人每年來此祭奠成吉思汗……。公爵阿海領地中有……，亦來祭奠此山。」

類突厥、契丹與華夏祭山之禮。

《北史》〈突厥傳〉：「祭天神於都斤，西五百里，有高山迥出，上無草樹，謂為教登凝梨，夏言地神也。」

《遼史》〈儀衛志〉：「遼國以祭山（按：本葉山）為大禮。」

《禮記》〈曲禮〉：「天子祭天地，祭四方，祭山川，祭五祀。」

《史記》〈封禪書〉：「神農封泰山，禪之云云。」

供納赤該。

《多桑蒙古史》：「以木或氈製偶像，其名ONGON，懸於帳壁，對之禮拜。食時，先以食獻，以肉或乳抹其口。」

《馬可波羅行紀》：「彼等有神名稱納赤該，謂之地神……。各置一神於家，用氈同布製作神像……。食時，取肉塗神及妻子之口，已而取肉羹散之家門外，謂神及神之家屬，由是得食。」

若契丹納的該之祀。

《馬可波羅行紀》：「契丹人……，各人置牌位一方於房壁高處，牌上寫一名，代表最高天帝……。此牌位之下，供一偶像，名稱納的該，奉之如同地上一切財產及一切收獲之神，配以妻子……。」

四、習尚

蒙人尚右。

《心史》〈大義略序〉：「引坐尚右為尊。」

《多桑蒙古史》：「汗待以優禮（按：成吉思汗月額倫之後夫晃豁壇），常置之座右，位諸臣上。」

同華夏之俗。

《中國史前史話》引劉師培著：「行禮時，必開服而袒其袖。凡吉凶之禮均左袒，觀禮右袒。」故周人尚右。

然匈奴、契丹反是。

《史記》〈匈奴傳〉：「其坐長左而北鄉。」

《遼史》〈百官制〉：「遼俗東向尚左。」

衣尚白。

《元朝類》〈中書令耶律公神道碑〉：「蓋國俗尚白，以白為吉……。」

《馬可波羅行紀》：「是日依俗，大汗及其一切臣民，皆衣白袍。至使男女老幼，衣皆白色。蓋其似以白衣為吉服，所以元旦之日服之……。臣民互相饋贈白色之物……。」

有契丹、女眞與殷周之風。

《三朝北盟會編》：「其衣則衣布，好白色。」

《大金國志》：「俗好白衣。」

《禮記》〈檀弓〉：「殷人尚白，大事斂用日中，戎事乘輸，牲用白。」

《周制》：「朝服用十五尺布，裳用白素絹。」

數尚九，

《元朝祕史》：「如今你的坐次，在眾人之上，九次犯罪休罰。」

《多桑蒙古史》：「獻九品之貢，凡物皆九數。」「向窩闊臺九拜祝賀。」「奉貴由坐金座上……蒞會人員，對新君九拜。」

《剌木學書》：「此外有一種風俗，凡諸州之進貢品於大汗者，必須進呈九數之九倍。」

似突厥之俗。

《北史》〈突厥傳〉：「其主初立，近侍重臣等輿之以氈，隨日轉九回，每回皆臣下下拜……。」

沈湎于酒，

《多桑蒙古史》：「世人責其人，類多……沈湎於酒。」

《魯不魯乞紀行》：「類皆不學無識，迷信嗜酒之人。」

《元朝名臣事略》：「上（按：太宗）素嗜酒，晚年尤甚。公（按：耶律楚材）數諫不聽，乃持酒槽之金口曰：此鐵酒所蝕，尚致如此，況人之五臟有不損耶？上悦，賜以金帛，仍敕左右進三鐘而止。」

《新元史》〈定宗本紀〉：「帝既立，政柄復歸於上（按：太宗崩，由皇后主政）。然好酒色，手足有拘攣疾，嘗以疾不視事。」

與契丹、女眞同俗。

《三朝北盟會編》：「宴飲賓客……，酒行無算，醉倒及逃歸則已。」「嗜酒而好殺。」

帳南開，

《多桑蒙古史》：「戶向南……，春季居山，冬近則歸平原。」「拔都居帳在其中，門向南……，南方不許安設廬帳。」

《馬可波羅行紀》：「大汗開任何大朝會之時，其列席之法如下：大汗之席位最高，坐於殿北，而南向。」

異乎突厥、烏桓、契丹、女眞之習。

《北史》〈突厥傳〉：「牙帳東開，蓋敬日之所出也。」

《後漢書》〈烏桓傳〉：「以穹廬為舍，東開向日。」

《遼史》〈百官志〉：「遼俗東向。」

《三朝北盟會編》：「門皆東向。」

以草青紀年，

《心史》〈大義略序〉：「不識四時節候，以見草青為一年。人問歲數，但以幾度草青為答。」

《蒙韃備錄》：「其俗每以草青為一歲，人有問其歲，則曰幾草矣。亦嘗問彼年月日，笑而答曰：初不知之，亦不能記其春與秋也。」

同突厥、契丹同風。

《北史》〈突厥傳〉：「至不知年曆，唯以草青為記。」

《三朝北盟會編》：「其人不知紀年，問之，則曰吾青草幾度。蓋以草一青為一歲。」

隆儀、禱告，皆免冠解帶，

《元朝祕史》：「說訖向日，將繫腰掛在項上，將帽子掛在手上，椎胸跪了九跪……。」

《多桑蒙古史》：「成吉思汗聞報，驚而泣，登一山顛，免冠，解帶置項後，跪地求天，助其復仇。」「拖雷奉盞，同時帳內外諸人，皆免冠，解帶置肩上，向窩闊臺九拜祝賀。」

與夫用火以祓不祥，似非塞北部族之俗。

《普蘭迦兒行紀》：「往朝拔都，人導之二火間。」

《魯不魯乞紀行》：「有獻美裘者，命巫師以火淨之。」

《多桑蒙古史》：「引之赴拔都帳，先率之踰兩火間，祓除不祥。火旁植二矛，矛上懸繩，繩上繫布片，凡人畜衣物，必經過其下。」「凡宮廷所用物，以及貢品，必經此輩（按：巫）以火淨之。」

他如尚力右衽，

《蒙韃備錄》：「韃人賤老而喜壯。」

《黑韃事略》：「其服，右衽而方領。」

則與塞北部族同中有異。

《史記》〈匈奴傳〉：「壯者食肥美，老者食其餘，貴健壯賤老弱。」

《北史》〈突厥傳〉：「其俗，被髮左衽。」「賤老貴壯……，猶古之匈奴」

《後漢書》〈烏桓傳〉：「貴少而賤老，其性悍暴，怒則殺父兄，而終不害其母。」

《舊唐書》〈靺鞨傳〉：「靺鞨……貴壯而賤老。」

《三朝北盟會編》：「其衣……短而左衽。」

五、禁　忌

蒙人忌觸其閾。

《馬可波羅行紀》：「每殿門，尤其大汗所在處之殿門，有大漢二人，持杖列左右，勿使入者足觸者閾。設有觸者，立剝其衣，必納金以贖。若不剝衣，則杖其人。顧外國人得不明此禁，如是命臣下數人介之入，預警告之。蓋視觸閾為凶兆，故設其禁也。」

《多桑蒙古史》：「入帳時，有人告之不得觸門閾……，勿觸繫帳之繩。蓋其與門閾並重也。」

《黑韃事略》：「履閾者……誅其身。」

刀斧之諱，

《普蘭迦兒行紀》：「韃靼人不敢以刀觸火，不敢以刀取肉於釜中，不敢在火旁以斧擊物。」

飲水之禁特多。

《魯不魯乞行紀》：「蒙古婦女，從不浣滌衣服，以為洗後懸曬時，必致天怒，而遭雷殛。」

《多桑蒙古史》：「嚴禁溺於水或灰燼之上。」「日間禁在流水中沐浴，禁以手浸其中，禁以金瓶或銀瓶取流水，禁在地上曬浣衣，以為此事，可致雷殛。」

復嚴禁燒草斷地，

《黑韃事略》：「草生而斸地者，遺火而爇草者，誅其家。」

斷喉殺生。

《多桑蒙古史》：「禁止用斷喉之法，殺諸供食之牲畜，應遵蒙古……，破腹殺之。」「其殺所食之動物……，破胸入手，緊握其心臟。如仿回教徒殺牲者，則如法殺其人。」

鞭笞馬面，

《黑韃事略》：「箠馬之面目者……，誅其身。」

以及跨越棹碟與火。

《多桑蒙古史》：「嚴禁跨火，跨棹、跨碟……。」

他如說謊，拾遺，竊盜，通姦，以巫蠱害人等，並處死刑，懸爲國禁。

《黑韃事略》：「拾遺者……誅其身。」

《多桑蒙古史》：「殺人，竊盜，通姦，雞姦等罪，處以死刑。其第二喪失他人寄託之財貨者，其收留逃奴或拾遺者……，以巫蠱之術害人者，其在決鬥中偏助一人者，並處死刑。」

總上所陳，十三世紀蒙人之習俗，有承自東胡者，有襲自匈奴者，亦有類於突厥、華夏者。故蒙古雖自有其文化，然其受東胡、匈奴、突厥、華夏文化之影響，當屬不妄。蓋吾國塞北部族，兩千餘年，雖興滅迭起，然衰亡者，既非全族遠遁，亦非悉被夷滅，文化交流，互有承襲，乃勢所必然。孔子有云：「殷因於夏禮，所損益可知也。周因於殷禮，所損益可知也。其或繼周者，雖百世可知也。」非此之謂歟！

（原載民國五十一年六月《中國內政》二十三卷五、六期）

元代定鼎中原後帝王之遊獵生活

一、圍獵之性質及其轉變

蒙人圍獵，兼有三種性質。一曰教戰，旨在使其部眾，嫻習戰技，熟諳戰術戰略，以及大兵團之協同作戰。

《多桑蒙古史》：「成吉思汗在其教令中，囑其諸子練習圍獵，以為獵足以習戰。」「蒙古人之圍獵，有類出兵，先遣人往偵野物，是否繁聚。」

《蒙古與俄羅斯》：「圍獵，就是作戰演習……，獵者，按戰時編制……，從數百英里之面積中，構成包圍的大圍。」

《蒙古史略》：「蒙古人不作戰時，就以全副精神行獵。」

二曰謀生，蓋遊獵文化，乃且獵且牧以爲生。圍獵，實其部族長，領導部眾，集體謀生之一種方式。

《黑韃事略》：「凡打獵時，常食所獵之物，則少殺羊。」「其肉食而不粒，獵而得者，曰鹿、曰兔、曰野彘、曰黃鼠、曰頑羊、曰黃羊、曰野馬、曰河源之魚。」

《蒙韃備錄》：「如出征於中國，食羊盡，則射兔鹿野豕為食。」

三日行樂，因蒙人以爲，攜名鶻，乘駿馬，衣華服出獵，觀珍禽異獸之搏擊獵物，良人生之最大樂事也。

《元史譯文證補》〈太祖訓言補輯〉：「成吉思汗問博爾朮等，人生何者最樂？博爾朮曰：臂名鷹，控駿馬，御華服，暮春之天，出獵於野，斯為最樂。博爾忽勒曰：鷹鶻自空搏擊飛禽，不捕落不止，憑騎觀之，斯為最樂。虎必來曰：圍獵之時，眾獸驚突，觀者最樂。」

由太祖太宗皆因大獵致死，當可概見蒙人酷愛圍獵畋狩之情形。

《元史》〈太宗〉：「十三年……十一月丁亥大獵，庚寅還至鈋鐵鎤胡蘭山，奧都剌合蠻進酒，帝歡飲，極夜乃罷。辛卯遲明，帝崩于行殿。」

《元史》〈耶律楚材〉：「帝將出獵，楚材……亟言不可。左右皆曰：不騎射，無以為樂。獵五日，帝崩于行在所。」

《元朝祕史》：「去征唐兀……，冬間，於阿兒不合地面圍獵，成吉思乘一匹紅馬，為野馬所驚，成吉思墜馬跌傷。」

《蒙古與俄羅斯》：「一二二六年秋，汗親征西夏，西夏諸城相繼陷落，但於勝利聲中，成吉思汗墮馬崩殂。」按：太祖之崩，由大獵墮馬也。

然世祖以降，圍獵之性質，已大爲改變。蓋貴爲天子，富有四海，以及生活方式之改變，自然圍獵以謀生之意義，已不復存在。復因參加圍獵之人員，律皆脫離生產之正規部隊，或官屬獵戶，已大非昔日臨時徵集之部民可比。故而教戰之目的，亦因之降低。

《秋澗先生大全集》〈飛豹行〉：「中統二年……，大駕北狩，時在魚兒泊，詔平章塔察公，以虎符發兵于燕，既集取道居庸，合圍湯山之東，遂飛豹取獸獲焉。」

由是，草原故俗之圍獵，其性質僅畋狩以行樂，獵獸以荐祖而已。

《元史》〈兵志・鷹房捕獵〉：「是故，捕獵有戶，使之致鮮食，以荐宗廟，供天庖。」

《柳待制集》〈大駕還次撫州，獵獲禽，馳饗太廟〉：「八月二十四日，上北幸回鑾，次止撫州校獵，獲禽物且多，爰以珍毳，馳饗太廟。敕命近臣，攝行其事，視蒸祠。迺九月三日，御香至都。八日，昭荐明禮，百辟駿奔，陟降有格，貫實與監禮，輒賦紀詠：羽獵初成獻獲時，緘辭惟遣近臣知，『大田』本意充乾豆，備物誠宜饗類祠，切切蒸膴加實見，昭昭位著有餘思，禮自義起文謨備，源筆真將百代垂。」

二、圍獵之時間與地點

代獵捕，本草原故俗。

《蒙韃備錄》：「韃人生長鞍馬間，人自習戰，自春徂冬，旦旦逐獵，乃其生涯。」

所以，亦若遼金然，有春水秋山之稱。

《宋文獻公全集》〈題王庭筠應制詩稿〉：「金源之制，以正月如春水，九月幸秋山。」

《秋澗先生大全集》〈朝謁柳林行宮詩序〉：「至元癸巳二月四日……，朝謁春水行宮於瀘曲之柳林。」

《湛然居士集》〈遺龍岡鹿尾二絕并序〉：「今年上獵於秋山，龍岡託以鹿尾可入藥，得數拾枚，悉以遺余。」

春水，亦稱飛放。

《元史》〈兵志・鷹房捕獵〉：「冬春之交，天子或幸近郊，縱鷹隼搏擊，以為游豫之度，謂之飛放。」

蓋春獵鵝鴨於河湖之濱。

《馬可波羅行紀》〈大汗之行獵〉：「當其居此之時，除在周圍湖川遊獵外，別無他事。」

《元朝祕史》：「孛端察兒……順著斡難河去，到巴勒諄阿剌名字的地面裏，結個草庵住了……。到了春天，鵝鴨都來了，孛端察兒，將他的黃鷹餓了『飛放』，拏將得鵝鴨多了，吃不盡。」按：春獵於斡難河也。

姚從吾先生《張德輝「嶺北紀行」足本校註》：「春水飛放即是春天到某水行獵的意思。契丹、蒙古（女真也多是如此）的可汗，每年春、秋兩季必趨某水、某山行獵，因名春獵所到之水為春水；秋獵所到之山為秋山。於是春水、秋山即成為春獵、秋獵的代名詞。飛放即是飛放鷹鶻，即春捺缽時的主要活動。」

秋獵群獸於山林之野，故有是稱焉。

《元朝祕史》：「王罕從不而罕合勒敦山背後，經過訶闊兒禿主兒木合、察兀剌禿速卜赤惕、忽里牙禿速卜赤惕三處地面，就打圍望著土兀剌河的黑林回去了。」

《夷俗記》〈耕獵〉：「及至秋風初起，塞草盡枯，弓勁馬強，獸肥隼凶，虜酋下令，大會蹛林……，較獵陰山。」按：《夷俗記》，雖爲明代蕭大亨所撰。然此爲草原故俗，更異甚少，故元明時代蒙人秋山之情形，當若似也。

春水始於正二月。

《元史》〈世祖〉：「至元二十五年春正月……丙午，畋於近郊。」

《元史》〈英宗〉：「至治元年春……二月……丁巳，畋於柳林。」

《馬可波羅行紀》〈管理獵犬之兩兄弟〉：「陽曆三月初，即從都城首途南下，至於海洋，其距離有二日程。」

或謂事在冬春之交。

《元史》〈兵志・鷹房捕獵〉：「冬春之交，天子或親幸近郊，縱鷹隼搏擊，以為遊豫之度，謂飛放。」

馬可波羅嘗謂，歷時三月而返。

《馬可波羅行紀》〈大汗獵後設大朝會〉：「已而赴海洋大獵者三月，即陽曆三月、四月、五月是。」

然世祖以降，史載未若斯之久也。豈史厭其繁瑣，筆削不錄。抑或中晚以降，帝王逸於宴樂，不復再樂此不疲焉！

《新元史》〈世祖〉：「至元十九年……二月辛卯幸柳林……，戊申車駕還自柳林……甲寅幸上都。」

《元史》〈成宗〉：「大德三年……二月癸丑，帝如柳林……，庚辰，帝如上都。」按：上陳春水之時間，均未及一月焉。

至於春水之圍場，或在近郊。

《元史》〈世祖〉：「至元十八年春正月……丁未，畋近郊。」

《元史》〈泰定帝〉：「二年春正月……乙未，以畿甸不登，罷春畋。」

或赴漷州。

《元史》〈泰定帝〉：「四年……二月……壬午，狩於漷州。」

《畿輔通志》〈古蹟一・城址一・通州〉：「漷縣故城，在州南四十五里……。本漢泉州之霍村鎮，遼每季春弋獵於延芳淀，居民成邑，就城故漷陰鎮，後改為縣，在京東九十里……。至元十三年，陞漷州，屬大都路……。明洪武五年，降州為漷縣，屬通州，仍舊治。本朝順治十六年，以地狹人稀，入通州。」然〈輿地二十四・關隘一・通州〉：「舊漷縣城，在州東南三十里，今廢為鎮。」

或獵柳林。

《元史》〈英宗〉：「二年……二月……癸酉，畋于柳林。」

《元史》〈順帝〉：「元統四年……二月……庚午，帝畋於柳林。」

且嘗遠狩於保定之新安。

《程雪樓先生文集》〈拂林忠獻王神道碑〉：「至元戊辰五年，春大蒐于保定之新安，日且久。」

大溵淀，洺王淀，或爲斯時飛放之所。

《畿輔通志》〈山川・安州〉：「大溵淀，在新安城西五里，即古大渥淀……，周四十里。」「洺王淀，在新安南十八里，明成祖過此，令士兵築曰樂駕。」

唯日後，遂以柳林一帶，爲春水之地。

《讀史方輿紀要》〈通州・漷縣〉：「漷州柳林，在縣西。至元十八年，如漷州，又如柳林，是後，皆以柳林為游畋之地，建有行宮。」

蓋以其地湖川甚多，饒富飛禽也。

《馬可波羅行紀》〈大汗之行獵〉：「其地湖川甚多，風景甚美，饒有鶴、天鵝及種種禽鳥。」

建有行宮。

《畿輔通志》〈古蹟七・署宅一・通州〉：「在州南故漷縣西，至元十八年，如漷州，又如柳林是。後以柳林為游畋之地，建行宮於此。」

築有晾鷹臺。

《讀史方輿紀要》〈通州・漷縣〉：「晾鷹臺，在縣南二十五里，高數丈，周一頃，元時巡獵，多駐於此。」

呼鷹臺。

《畿輔通志》〈古蹟七・署宅一・通州〉：「至大元年七月，築呼鷹臺於漷州澤中，發軍五百人助其役。」

或即今之放鷹臺。

《畿輔通志》〈古蹟七・署宅一・通州〉：「按呼鷹臺，無可考。今漷縣西四里，有放鷹臺，臺址高一丈，周二丈，或即呼鷹臺之舊址歟！」

迨至治初，復築行宮於此。

《元史》〈英宗〉：「至治元年春……二月……丁巳，畋於柳林，敕更造行宮。」

文宗之世，更詔修柳林海子橋道及堤堰，以便畋蒐。

《元史》〈文宗〉：「至順元年……，調諸衛卒築漷州柳林海子堤堰……。三年……，調軍士修柳林海子橋道。」

考春蒐近郊，當即狩於府南二十里之下馬飛放泊。

《大明一統志》〈順天府・苑囿・南海子〉：「在京城南二十里，舊為下馬飛放泊，泊內有接鷹臺。永樂十二年，增廣其地，周圍凡一萬八千六百六十丈。乃域養禽獸，種植蔬果之所。中有海子，大小凡三，其水四時不竭，汪洋若海。以禁城北有海子，故別名曰南海子。」

《畿輔通志》〈輿地十三・山川二・大興縣・飛放泊〉：「即南海子，在城南二十里。南海子，舊名下馬飛放泊……，廣四十頃（元混一方輿覽勝）。方一百六十里，闢四門，繚以重垣，永樂以來，歲時蒐獵於此。」

或府東南之北城店飛放泊。

《大明一統志》〈順天府・山川・飛放泊〉：「在府東南北城店，廣六十餘頃。」

《畿輔通志》〈輿地十三・山川二・大興縣・飛放泊〉：「又北城店……，有飛放泊（元混一方輿覽勝）。」

或府西之黃埃店飛放泊。

《大明一統志》〈順天府．山川．飛放泊〉：「在府……西，有黃埃店飛放泊。」

《畿輔通志》〈輿地十三．山川二．大興縣．飛放泊〉：「黃埃店……，有飛放泊，廣三十頃（元混一方輿覽勝）。」

至於獵於漷州或柳林者，當指駐蹕於斯，而畋於附近之湖川焉。惜地名無可考，雖清初方志，嘗載舊漷縣，有飛放泊多處，然未必為元代春水之地也。

《畿輔通志》〈輿地十三．山川二．大興縣．飛放泊〉：「在州南舊漷縣南二十五里南新店。又漷縣西南二十五里，有栲栳堡飛放泊。北八里，有馬家莊飛放泊（雍正志）。」

秋山，始於陰曆九月。

《黑韃事略》：「圍場自九月起，至二月止。」

或謂事在初冬。

《多桑蒙古史》：「故冬初，為大圍獵之時。」

或謂秋風初起。

《夷俗記》〈耕獵〉：「及至秋風初起……，虜酋下令，大會蹛林……，較獵陰山。」

馬可波羅謂：世祖歲幸上都避暑，亦即秋獮之時，為陽曆之六七八月，頗有商榷之處。

《馬可波羅行紀》〈大汗獵後設大朝會〉：「其後赴其營建之上都竹宮所在之地，歷陽曆六月七月八月。」

《續通志》〈都邑略〉：「上都，金桓州……，中統元年，為開平府，四年以闕廷所在，加號上都，每歲巡幸。」

《灤京雜詠》：「行幸上都，蓋避暑也。」

蓋證諸氣候與前述，秋山之期，當在農曆八月以後也。

《柳待制集》〈大駕北巡將校獵于散不剌〉：「八月二日，大駕北巡，校獵于散不剌。」

《秋澗先生大全集》〈飛豹行〉：「中統二年冬十有一月，大駕北巡……，合圍湯山之東，遂飛豹取獸獲焉。」

《柳待制集》〈大駕還次撫州，獵獲禽，馳饗太廟〉：「八月二十四日，上北幸回鑾，次止撫州校獵。」

《雙溪醉隱集》〈小獵詩〉：「翠華十月獵川中，馬上書生目不窮，濟濟威儀周制度，番番人物何英雄……。」

至於其行獵之地點，有察罕諾爾。

《扈從詩》〈前序〉：「察罕諾爾云然者，猶漢言白海也。其地水濼，汪洋而水深不可測，下有靈物，氣皆白霧。其地有行宮，曰亨嘉殿，闕廷如上京而殺焉。置雲需總管府，秩三品以掌之……。駐蹕於斯，秋必校獵焉。」

《畿輔通志》〈輿地二十‧山川九‧多倫諾爾廳‧白海子〉：「在開平故衛西南，大青山之北，亦曰長水海子，相近又有苦水海子，土人四望白沙，呼為察罕諾爾。」

《蒙古遊牧記》〈阿巴噶部‧右翼旗〉：「元察罕諾爾，在今上都牧廠西南。」

東涼亭。

《近光集》〈秋日書事五首〉：「上京之東五十里，有東涼亭……，饒水草，有禽魚山獸，置離宮，巡狩至此，歲必校獵焉。」

《柳待制集》〈灤水秋風詞四首〉：「西麻林鞍如割鐵，東涼亭酒似流酥，福威玉食有操柄，世祖建邦天造圖。」

《畿輔通志》〈古蹟五‧城址五‧撫州故城〉註：「王朋梅東涼亭圖，延祐中奉敕所作草也。灤水東流紫霧開，千門萬戶起崔嵬，陂陀草色如波浪，常是鑾輿六月來。」

北涼亭。

《讀史方輿紀要》〈開平故衛〉：「又衛北有北涼亭，亦元時獵狩處。」

西涼亭。

《近光集》〈秋日書事五首〉：「上京……西百五十里，有西涼亭，其地皆饒水草，有禽魚山獸，置離宮，巡狩至此，歲必校獵焉。」

《畿輔通志》〈古蹟十‧署宅四‧西涼亭〉：「獨石口北，上都河店南十餘里，俗呼蕭后梳粧樓，其制：內外皆方，以磚為之，高二丈餘，頂如平臺，半圮。門東南向，左右兩旁，各有石窗。其外四面，各廣三丈，其內下方，中為八角，上圓起花，如覆盂然。外有繚垣，其址尚存，蒙古又謂之察罕格爾。」

《畿輔通志》〈河渠二・水道二・灤河水道〉：「上都河……至克楚哈喇，十九里，至西涼亭，蒙古名察罕格兒。」

《近光集》〈秋日書事五首〉：「涼亭千里內，相望列東西，秋彌聲容備，時巡典禮稽。鳱鳧隨失落，猳鹿應弦迷，乾豆歸時薦，康莊頌耄倪。」

散不剌，亦即三不剌川。

《畿輔通志》〈輿地二十・山川九・多倫諾爾廳・三不剌川〉：「在開平故衛境，元主鐵木兒立于上都，狩于三不剌之地，以董文用諫，遂還大都。」

《柳待制集》〈大駕北巡將校獵于散不剌〉：「八月二日，大駕北巡，校獵于散不剌。」

《口北三廳志》〈多倫諾爾廳・古蹟・散不剌川〉：「上都西北七百里外。」

百查兒川。

《畿輔通志》〈輿地二十・山川九・多倫諾爾廳・百查兒川〉：「亦在開平故衛境，元順帝至元中，大獵於此。」

撫州。

《柳待制集》〈大駕還次撫州獵獲禽馳饗太廟〉：「八月二十四日，上北幸回鑾，次止撫州校獵。」

《扈從詩》〈扈從詩後序〉：「興和路，世祖所創置，歲北巡，東出西回，故置有司為供億之所。城廓周完，闤闠最夥……。府之西南，武宗築行宮，故又名中都，今已圮毀，大駕久不臨矣！」

《畿輔通志》〈古蹟五・城址五・興和故城〉：「在太僕寺左翼牧廠西南二十里，至張家口百里，本金時撫州……。中統三年，陞隆興總管府，建行宮……。甲寅八月，復立撫州……。此城土人名刺巴爾哈孫城，周六里餘，門四，故址猶存，即興和城也。」

湯山。

《秋澗先生大全集》〈飛豹行〉：「大駕北狩，時在魚兒泊……，合圍湯山之東，遂飛豹取獸獲焉。」

《大明一統志》〈順天府・山川〉：「湯山，在昌平縣東南三十八里，下有湯泉。」

鴛鴦泊。

《大明一統志》〈萬全指揮使司・山川〉：「鴛鴦泊：在雲州堡西北百餘里，周圍八十里，其水停積不流。自遼金以來，為飛放之所。」

《察哈爾通志》〈張北縣・古蹟〉：「鴛鴦泊，在縣城西北八十里，即今之安固里諾爾。」

昂兀腦兒。

《元史》〈武宗〉：「三年……八月……甲子，獵于昂兀腦兒之地。」

疑即輝圖諾爾，又譯懷禿諾爾。

《扈從詩》〈後序〉：「至輝圖諾爾，猶漢言後海也。」

《察哈爾通志》〈河流・東西大諾爾〉：「縣城北三十里，白城子東十里，有諾爾一處……，名為西大諾爾。此諾爾東三里……，長約三里，寬十餘丈，名為東大諾爾。查此諾爾，在金時為伊克腦兒，元時為懷禿腦兒。每遇大雨，兩岸之地，一片汪洋，均成澤國。必須此諾爾水滿四溢，始可由石頂河，流入鴛鴦泊。」

以及上都以北，雪尼惕部中之諸地。

《馬可波羅行紀》〈大汗命人行獵〉馮承鈞註：「秋日亦常行獵，然其地則在上都北，雪尼惕部等處。」

三、圍獵之珍禽異獸與管理

春水用海東青、鷹、鶻等行獵。

《馬可波羅行紀》〈管理獵犬之兩兄弟〉：「行時……攜海青五百頭，鷹鶻及他種飛禽甚眾，亦有蒼鷹，皆沿河行獵之用。」

其中，海東青尤爲珍貴。產於女眞五國以東之大海中，極俊健。色白者爲上品，灰色者次之，爪白如玉者，尤爲極品。

《草木子》〈雜俎〉：「海東青，鶻之至俊者也，出於女真。」

《契丹國志》：「女真東北，與五國為鄰，五國之東，鄰大海，出名鷹，自東海來者，謂海東青，小而俊健，能拾鵝鶩，爪白者，尤為異。」

《柳邊紀略》：「海東青者，鷹品最貴者也。純白為上，白而雜他毛者次之，灰色者又次之。」

《三朝北盟會編》：「其地（按：金）位契丹東北隅，土多林木……，禽鳥有鷹鶻，海東青。」

善捕天鵝，飛放時，直上雲霄，動輒千里。

《草木子》〈雜俎〉：「海東清……，其物善禽天鵝，飛放時，旋風羊角而止，直入雲際。」

《秋澗先生大全集》〈為春水時預期告諭事狀〉：「海青飛舉，動輒千里。」

然受制於群燕。

《湛淵集》〈續演雅十詩〉：「海青羽中虎，燕燕能制之，小隙沈大舟，關尹不吾欺。」

註謂：「海青俊禽也，而群燕緣撲之，即墜，物受其所制者，無大小也。」

自東北入貢，每乘驛馬五百不敷。

《續通鑑》：「至大元年……進海青鶻者，常乘驛馬五百不敷。」

又有察必鶻者，漢言白鷹也，亦屬珍品。

《秋澗先生大全集》〈中堂記事〉：「未刻，扈從鑾駕入開平……，都東北不十里，有大松林，異鳥群集，曰察必鶻者，蓋產於此。」

《牧庵集》〈平章政事忙兀公神道碑〉：「海東青，雜鷹，先朝或十賜。惟至白鶻，嘴爪玉如，聖語曉曰：是禽惟朕及鷹師所耩，以卿世臣諸孫，宣力之多……，皆殊賜也。」

因至爲名貴，故皆足繫勒有所屬之牙牌，裨資識別。

《秋澗先生大全集》〈為春水時預期告諭事狀〉：「切恐遠方之人，不知是車駕飛放禽羽，以惲愚見，今後御前鷹隼海青，合無懸帶記驗，如前朝牙牌之制。」

《馬可波羅行紀》〈大汗之行獵〉：「君主之鳥，爪上各懸一小牌，以便認識，諸男爵之鳥亦然。牌上勒鳥主與打捕鷹人之名，鳥如為人所得，立時歸還其主。」

復用之以賞勳舊功親。

《元史》〈乃蠻台〉：「賜……海東名鷹，西域文豹。」

《元詩紀事》〈柯九思、宮詩十九首〉：「元戎承命獵郊坰，敕賜新羅白海青，得雋歸來如奏凱，天鵝馳送入宮廷。」

計皇室有海東青，逾五百頭，其他鷹鷂之屬甚眾。

見同前引。

因設鷹坊，由宰輔領之。

《元史》〈武宗〉：「至大元年……二月癸巳，立鷹坊，為仁虞院，秩正一品，以右丞相脫脫，搖授左丞相禿剌鐵木兒、也可扎魯忽赤月里赤，並為仁虞院使。」

《近光集》〈九月一日還自上京途中紀十首〉：「行宮臨白海，金碧出微茫，錮豹仍分署，鞲鷹亦有房，射熊名鄙漢，祝綱德懷湯，乾豆遵彝典，人瞻日月光。」

《扈從詩》〈前序〉：「察罕諾爾……，其地有行宮……，置雲需總管府，秩三品以掌之……。又作土屋養鷹，名鷹房，雲需總管府多鷹人也。」

置昔寶赤萬人，即漢言鷹人以飼之。

《元史》〈兵志・鷹房捕獵〉：「元制自御位及諸王，皆有昔寶赤，蓋鷹人也。」

《馬可波羅行紀》〈管理獵犬之兩兄弟〉：「行時，攜打捕鷹人萬人……，皆備沿河行獵之用。」

亦設萬戶千戶，若軍隊然以領之。

《元史》〈小雲石脫忽鄰〉：「子八丹，事世祖為寶兒赤，鷹房萬戶。子阿里，鷹房千戶。」

鷹人，雖極卑微，然以帝王酷愛海東青，故其飼者，既可上邀宸聽，而獲鉅額之賞恤。

《元史》〈泰定帝〉：「四年春正月……甲寅，鷹師托克托病，賜鈔千錠。」按：五十兩爲一錠，千錠合五萬也。

《可閒老人集》〈輦下曲一百二首并序〉：「天朝習俗樂從禽，為按名鷹立柳蔭，立馬萬夫齊指望，半空鵝影雪沈沈。」

亦可爵封國公。

《元史》〈英宗〉：「三年……二月……戊午，封鷹師不花為趙國公。」

《新元史》〈百官志，勳爵〉：「爵八等，王、正一品，郡王，從一品，國公、正二品，郡公、從二品……。」

至於鷹食分例，海東青日支五兩，他種鷹鶻之屬，日支三兩，若養鷹千隻，則年耗之鉅，逾百萬也。

《大元皇政國朝典章》〈戶部．應副鷹鶻分例〉：「至元八年……，今約量擬定下項數目，仍令食用新肉，如無新羊肉，殺與雞者。省府除外，照驗施行。海東兔鶻，早晨二兩，後嚮三兩。鷹兒鴉鶻，早晨一兩，後嚮二兩。」

秋山，獸用獅豹山貓，以獵野豬、野驢，及其大而凶猛之野獸。

《馬可波羅行紀》〈豢養以備捕獵之獅豹山貓〉：「大汗養豹子，以供行獵捕野獸之用。又有山貓甚夥，頗善獵捕。更有獅子數頭……，毛色甚美，緣其全身皆有黑朱白色斑紋也。此則豢養以供獵取熊鹿、野驢，及其他大猛獸之用。」

按獅即虎也，蓋中古歐人，每獅虎不分，致馬可波羅方有此誤。

《馬可波羅行紀》〈豢養以備捕獵之獅豹山貓〉馮承鈞註：「中世世紀時，歐洲人對虎之形狀，似已不甚明瞭……，蓋獅子不得有斑紋也。」

豹即獵豹，體型較小，軀腿稍長，不能登樹，歐洲貴族，亦輒用之行獵。

《馬可波羅行紀》〈豢養以備捕獵之獅豹山貓〉馮承鈞註：「獵豹非尋常之豹，乃小豹，其軀腿較之尋常貓類為長，不能登樹，而其爪僅半牽縮也……。用此物以供捕獵者，不僅忽必烈為然，昔日歐洲之君，亦有用之者。」

山貓，即中國豹也。

《馬可波羅行紀》〈豢養以備捕獵之獅豹山貓〉馮承鈞註：「中國境內，北抵滿州諸山，西至西藏諸山，有一種山貓，名稱土豹。」

皆置官署，錮養之。

見同前引。

因頗珍貴，故輒又以之賜賞功戚勳舊。

《元史》〈速哥〉：「賜馴豹名鷹，使得縱獵禁地。」

復有鵰，用以獵捕較小之動物，如狼狐鹿兔等。

《馬可波羅行紀》〈豢養以備捕獵之獅豹山貓〉：「別有鵰類，用以捕取狼狐花鹿牡鹿等獸。」

更畜獵犬逾萬，以搜索或追捕負傷之獵物。

《馬可波羅行紀》〈管理獵犬之兩兄弟〉：「兩兄弟各統萬人……，每萬人隊，有兩千人，各有大犬一二頭，或二頭以上……。其另一男爵……將所部萬人，犬五千頭。」

《夷俗記》：「犬不甚大，而其性更靈，牧則藉以守，獵則籍以逐。有獸被矢而奔者，犬追之，不獲不止。其發縱指示，動如人意，故虜貴犬也。」

由伯顏，明安，號古尼赤，嘆言管理蕃犬之人，各統萬人，主領其事。

《馬可波羅行紀》〈管理獵犬之兩兄弟〉：「大汗有兩男爵，是親兄弟，一名伯顏，一名明安，人稱此二人曰古尼赤，此言管理蕃犬之人也。兩兄弟各統萬人，每萬人衣皆同色。」

此外，尚有象。至元五年，由雲南貢入。

《牧庵集》〈資德大夫雲南行中書省右丞贈秉忠執德威遠功臣開府儀同三司太師上柱國魏國公謚忠節李公神道碑〉：「至元五年，詔諸侯王和克齊開國雲南……，獲馴象七，致貢京師。」

用駕乘輿，號象輿。

《元史》〈輿服志〉：「象轎，駕以象，凡巡幸，則御之。」

《元史》〈劉好禮〉：「上往還兩都，乘輿象駕。」

自是，畋狩征伐，無不乘之。

《牧庵集》〈資德大夫雲南行中書省右丞贈秉忠執德威遠功臣開府儀同三司太師上柱國魏國公謚忠節李公神道碑〉：「獲馴象七，致貢京師，敕用以駕輿。自是，蒐畋征伐，無不乘之，實前未有者。」

《灤京雜詠》：「鴛鴦陂上是行宮，又喜臨歧象馭通，芳草撩人香撲面，白翎隨馬叫晴空。」

因珍禽異獸，皆貢自遠方，故乘傳入都，雖所耗至鉅，弗恤也。

《元史》〈兵志〉：「至大三年，中書省言，有尋兀寶丁等鴉鶻獅豹，留二十七人，食肉四千二百餘斤。請自今遠方以奇珍百寶來者，依例進。」

《元史》〈泰定帝〉：「四年……諸王不賽因，遣使獻文豹獅子，賜鈔八千錠。」

《續通鑑》：「至大元年……回回商人……，以一豹上獻。」

四、圍獵之方式與情形

春蒐之時，詔令部隊萬人，每兩人一組，警戒圍場四周，號脫思高兒，漢言守衛人也。

《馬可波羅行紀》〈管理獵犬之兩兄弟〉：「此外，尚有萬人，以供守衛。此人名脫思高兒，此言守衛人也。以兩人為一隊，警衛各處。」

復攜海東青五百頭，白鷹、蒼鷹，以及其他鷹鷂之屬甚眾，分列圍場湖河之畔。

《馬可波羅行紀》〈管理獵犬之兩兄弟〉：「君等切勿以為，所攜禽鳥，皆聚於一處，可以隨意分配各所。各所分配禽鳥……，為數不等。」

餘同前引。

及水禽聞警，飛翔逃逸，乃發笛指揮，縱鷹搏擊。一時，此起彼落，羽飛繽紛，撲跌哀鳴，水花濺揚。

《馬可波羅行紀》〈大汗之行獵〉：「各人有一小笛，及一頭布，以備傳喚鳥之用。俾君主放鳥之時，放鳥人勿須隨之。」

帝則御象輿，沿圍場巡行，逮野禽飛臨，聞報，即縱海東青，擒搏於前。是以，遠眺與近睹，皆有所觀。斯情斯景，誠極耳目之娛也。

《馬可波羅行紀》〈大汗之行獵〉：「周圍之人，亦時時行獵，逐日獻種種獵物無算，豐饒之極，其樂無涯。未目擊者，決不信有此事也。」

張譯《馬哥孛羅遊記》〈這裏講大可汗如何去打獵捕捉野獸和飛禽〉：「大可汗常常坐在一個美麗的木頭寢室中，四隻象抬著室走。室中用錘金製成的布匹鑲著，外面蓋著獅子皮。當打鳥時……，他常常留在室中。大可汗常常養著十二隻好的鷹，裏面也有許多貴官和婦女，來引他快樂，和他作伴。他常在他那放在象背上的寢室中，站起散步時，你們必須知道，如有騎馬在他左右的貴官大聲喊：陛下，有鶴飛過去了。他聽到後，即揭開寢室的遮蓋物，來看鶴。他叫把所要的大鷹拿來放出。這些鷹最後和鶴爭鬥，常常把他們捉住。」

儀鳳司，嘗以之製爲新聲。

《灤京雜詠》：「為愛琵琶調有情，月高未放酒杯停，新腔翻得涼州曲，彈出天鵝避海青。」

註謂：「海青拿天鵝之新聲也。」「儀鳳司，天下樂工隸焉。」

袁桷亦嘗有詩，以詠其盛。

《清容居士集》〈天鵝曲〉：「天鵝頸瘦身重肥，夜宿官蕩成群圍。蘆根啑啑水蒲滑，翅足蹩曳難輕飛。參差旋地數百尺，宛轉培風借雙翮。翻身入雲高帖天，下陋蓬蒿去無跡。五坊手擎海東青，側眼光透瑤臺層。解絛脫帽窮碧落，以掌疾摑東西傾。離披交旋百尋衮，蒼鷹助擊隨勢遠。初如風輪舞長竿，未若銀毬下本坡。蓬頭喘息來獻官，天顏一笑摧傳餐。」

此外，尚置不剌兒忽赤，漢言保管無主物之人也。樹幟高處，裨拾物者有所託存，失物者能重獲故物焉。

《馬可波羅行紀》〈大汗之行獵〉：「一男爵，名不剌兒忽赤者，此言保管無主之物者也……。此男爵常住於眾人易見之處，立其旌旗，俾拾物及失物者易見，而使凡失物，皆得還原主。」

設藏匿鷹犬，則律皆重懲。

《元史》〈成宗〉：「十年……夏四月庚子朔，詔凡匿鷹犬者，沒家貲之半，笞三十。來獻者，給之以償。」

秋獮之始，則詔令伯顏、明安，並將其所屬之萬人，衣質孫衣，各攜獵犬五千頭，分左右兩翼。《馬可波羅行紀》〈管理獵犬之兩兄弟〉：「大汗有兩男爵，是親兄弟，一名明安，一名伯顏……。兩兄弟，各統萬人，每萬人衣皆同色……，此萬人衣一色，彼萬人衣又一色……。大汗出獵時，其一男爵古尼赤，將所部萬人，犬五千頭，從右行，另一男爵古尼赤，率所部從左行，相約並途中。」《秋澗先生大全集》〈飛豹行〉：「二年幽陵閱丘甲，詔遣謀臣連夜發……，長圍漸合湯山東，兩翼閃閃牙旗紅……。」

於數百里外，構成包圍。《蒙古與俄羅斯》：「獵者……從數百英里之面積中，構成包圍的大圍。」

然後，人獸比肩連踵而進，自疏而密，縮小包圍，不令群獸突出，驅往指定之地。《岷峨山人譯語》：「虜善獵，覘獸所在，則集眾合圍……，自疏而密，任其馳馳……，惟無使突圍而出爾。」《多桑蒙古史》：「蒙古人之圍獵……，設圍驅獸，進向指定之地……。其始也，圍甚廣，嗣後士卒肩臂相摩而進，獵圍逐漸縮小，至指定之地。」

至圍廣二三日程乃止。

《馬可波羅行紀》〈管理獵犬之兩兄弟〉：「中間留有圍道，廣二日程。」

《多桑蒙古史》：「獵圍逐漸縮小，至指定之地，止於周圍二三程之獵圍。」

《黑韃事略》：「凡其主打圍……，綿亙一二百里間。」

並遣使二人，交周營表而還。

《雙溪醉隱集》〈大獵詩〉註：「大駕將校獵，必同日發使，一左一右，交周營表而還，然後大獵。」

亦即挑土以爲塹，插木以爲表，並維以氈索而限之也。

《雙溪醉隱集》〈大獵詩註〉：「禁地圍場，自和林南越沙漠，皆凌以塹，上羅以繩。」

《黑韃事略》：「凡其主打圍，必大會眾，挑土以為坑，插木以為表，維以毳索，繫以氈。」

及帝乘象輿，攜其諸王后妃，勳戚將相，欄車載獸入圍。

《馬可波羅行紀》〈豢養以備捕獵之獅豹山貓〉：「用獅行獵之時，以車載獅，每獅輔以小犬一頭。」

放其鷹犬，逆風縱其虎豹。

《馬可波羅行紀》〈豢養以備捕獵之獅豹山貓〉：「盛獅於籠，恐其猛追野獸，不能復制。其捕獵也，須逆風而行，勿使野物聞風而逃。」

帝遂親自射獵，迨其倦，則登高觀賞以爲樂。

《多桑蒙古史》：「汗先偕其妻妾從者入圍，射取不可以數計之種種禽獸為樂。及其倦也。則止於圍中之一丘上，觀宗王那顏統將等射獵。」斯時也，獵物驚恐，初不敢逃逸。

《黑韃事略》：「凡其主打圍，必大會眾……。風颺羽飛，則獸皆驚駭而不敢奔逸。」千鷹雲翔，搏擊於上。群獸奔逐，攫噬於下。犬吠獸吼，與夫獵者之萬騎雷動，畋狩之樂，良目不暇給也。

《馬可波羅行紀》〈管理獵犬之兩兄弟〉：「君主偕諸男，爵騎馬曠野行獵時，可見此大犬無數，馳逐於熊鹿或他獸之後，左右奔馳，其狀極堪娛目也。」

因大獵輒詔免漢官扈從，故元代文翰，甚少吟及。

《柳待制集》〈大駕北巡將校獵于散不剌〉：「八月二日……校獵于散不剌，詔免漢官扈從，南旋有期，喜而成詠。」

然王惲以適逢其會，得便遙觀，嘗有詩以紀其盛。

《秋澗先生大全集》〈飛豹行并序〉：「中統二年……，大駕北狩……，合圍湯山之東……。時予以事，東走幕府，駐馬顧眄，亦有一噱之快，因作此歌，以見從獸無厭之樂也。二年幽陵閱丘甲，詔遣謀臣連夜發。春蒐秋獮是尋常，況復軍容從獵法。一聲畫鼓肅霜威，千騎平岡捲晴雪。長圍漸合湯山東，兩翼閃閃牙旗紅。飛鷹走犬漢人事，以豹取獸何其雄！馬蹄蹴塵焱左興，赤絛撤鏇驚龍騰。錦雲一縱飛塵起，三軍耳後秋風生。豹雖遺才不自惜，雨血風毛摧大敵。風煙慘淡遠歸來，思君更上單于臺。血埋萬甲戰方銳，爪牙正籍方剛手。古人以鹿喻天下，得失中間係真假。元戎茲獵似開先，我軍車攻補周雅。大笑南朝曹景宗，誇獵空驚弦霹靂。何曾夢見北方強，竟墮閑車甘偃息。揚鞭回首漢家營，一點槍纓野煙碧。」

又以大獵之情況，前後如一，故復錄耶律楚材父子之秋山詩三首，用見其盛。

《雙溪醉隱集》〈小獵詩〉：「翠華東山萬安宮，獵獵旌旗蔽碧空。鸚鵡杯停縱金勒，鶻鸝表祖控鵰弓。塞鳴驚帶鵜毛雪，野馬塵飛羊角風。萬騎耳邊驚霹靂，一聲鳴鏑暮山紅。」

《湛然居士集》〈扈從冬狩〉：「天皇冬狩如行兵，白旄一麾長圍成。長圍不知幾千里，蟄龍震慄山神驚。長圍佈置如圓陣，萬騎雲屯魚貫進。千群野馬雜山羊，赤熊白鹿奔青麟。壯士彎弓殞奇獸，更驅虎豹逐貪狼……。」

同書〈扈從羽獵〉：「湛然扈從狼山東，御閑天馬如遊龍。驚狐突出過飛鳥，霜蹄霹靂飛塵中。馬上將軍弓挽月，修尾蒙茸臥殘雪。玉翎猶帶血模糊，驟馳嘶鳴汗微血。長圍四合匝數重，東西馳射奔追風。鳴鞘一震翠華去，滿川枕籍皆豹熊……。」

至於爲使野物繁息，故春夏之時，僅許小獵，且嚴禁獵殺孕獸焉。

《夷俗記》：「夫射獵雖夷人之常業哉，然亦頗知愛惜生長之道。故春不合圍，夏不群蒐。惟三五為朋，十數為黨，小小襲取，以充饑虛而已。」

《馬可波羅行紀》〈大汗之行獵〉：「在大汗所有轄地之中，有獸四種，無人敢捕，即山兔、牡鹿、獐鹿是已。此僅在陽曆三月迄十月之間有之，違禁者罰……。由是繁息甚眾……，解其禁，各人得隨意捕之。」

五、結　論

草原故俗，雖以圍獵最樂，然初則並不重珍禽異獸之助獵也。後四方入貢之珍禽奇獸，竟乘驛馬五百不敷，動輒耗肉數千斤。復設官置署，有打捕鷹人逾萬，獸師犬奴無算，其耗費之鉅，當可概見。《草木子》嘗論遼之亡謂：海東青，在遼國已極重之。因是起變，而契丹以亡。《松漠紀聞》亦謂：「求海東青使者絡繹，恃大國使命，惟擇美好婦人，不問其有夫及閥閱高者，女眞浸忿遂叛。」故元代之珍奇是嗜，與夫揮霍無度，豈非其速亡肇因之一歟！

復猶有進著，草原部族，騎射遊牧，本其文化精髓。然迨入主中原，遂逸樂貪恣，終致尚武精神既失，而中原文化精髓未得。失己之所長，而未得人之長。此又北疆宗族，入主中原後，所以國運不克久昌者耶！

（原載民國六十七年十二月《國立編譯館館刊》七卷二期）

元代之斡脫官錢與羊羔兒利

古今中外，貸款取息，乃理所當然。即高利貸款，亦恒多見。然若元代之羊羔兒利，誠亙古所未有也。至其爲患之烈，範圍之廣，爲時之久，亦史所罕覯。爰就史料所及，論其始末如後。

一、資金之來源及其利率

蒙元自太祖以降，兵力所向，輒大事抄掠。

《黑韃事略》：「陷城，則縱其虜掠女子玉帛。虜掠之前後，視其功之等差，前者插箭於門，則後者不敢入。」

《牧庵集》〈中書右丞姚文獻公神道碑〉：「太祖平金，遣二太子總兵南伐……，而淮泗之民，盡為軍官分有，由是降附路絕。雖歲加兵蜀淮，將軍唯利剽剎，子女玉帛，悉歸其家，城無居民，野盡榛莽。」

迨澄平後，復沿其抄掠分財之故俗，更賚賜至豐。

《蒙韃備錄》：「凡破城守，有所得，則以分（按：份）數均之，自上及下，雖多寡每留一分為成吉思皇帝獻。餘物則數俵有差，宰相等在於朔漠不臨戎者，亦有其數焉。」

《新元史》〈食貨志〉：「元中葉以後，課稅所入，視世祖時增二十餘倍……，而國用日患其不足。蓋縻於……諸王貴戚之賜賚，無歲無之……。仁宗即位，中書平章政事李孟言：每歲應支六百萬餘錠……，內降旨賞賜復用三百萬餘錠。」

故權貴之家，擁金既多，兼又不善經營。

《黑韃事略》：「霆見韃人，只是撒花，無一人理會得賈販。」按「撒花」一詞，尚見於汪元量（大有）之《水雲集》：「北軍要討撒花銀，官府行移逼市民。」《元典章》：「凡事撒花等物，無非取給於民……。」《續通典》〈食貨志〉：「十三年……平宋回至楊州，丞相伯顏，令按檢將士行李，所撒花銀子，銷鑄作錠。」及《黑韃事略》：「雖細交訟，亦用撒花，直造韃主之前，然終無所予決而去。」又云：「燕京市學，多教回回字及韃人譯語。才會譯語，便做通事，便隨韃人行打，恣作威福，討得撒花，討得物事吃。」據彭大雅云：「其（按：韃人）見物則欲，曰撒花……。撒花者，漢語覓也。」王國維《蒙古史札記》云：「《秘史》〈蒙文〉卷三，有掃花一語，旁譯與文譯，並云人事。按掃花，元人亦云撒花……，人事云人情也。」然據趙尺子先生言：「撒花分名詞動詞二義，名詞（hihaga）義為嚇唬人所得之財物。動詞（hihamni）義為訛詐。」故彭、王、趙，三解，當以後者為是，蓋前者不足通釋以上諸「撒花」也。

乃貸之回人，以愆其息。

《黑韃事略》：「自韃主以至偽諸王、偽太子、偽公主等，皆付回回以銀，或貸之民，而愆其息。」

蓋胡賈長袖善舞，又爲降人，唯受命而已。

《蒙韃備錄》：「其俗既朴，則有回鶻為鄰，每於兩河博易販賣於其國。」又云：「回鶻有田姓者，饒於財，商販鉅萬，往來於山東河北，具言民物繁庶。」

《新元史》〈氏族表〉：「畏吾氏本回鶻之裔，音轉為畏吾。本在和林之地，唐末衰亂，徙居火州，古高昌國也。太祖初興，其王……舉國入覲。」

至其利息，則年息一倍，次年並子母又倍之，號羊羔兒利。

《元文類》〈中書令耶律公神道碑〉：「取借回鶻債銀，其年則倍之，次年則並息又倍之，謂羊羔利。」

亦即世祖以降之斡脫官錢。

《新元史》〈食貨志〉：「斡脫官錢者，諸王妃主，以錢借人，如期並其子母徵之，元初謂為羊羔兒息。」按：「斡脫」，即《元史》之「斜兒朵」，《黑韃事略》之「窩裏陀」，《西遊記》之

「兀里朵」，《遼史》之「斡魯朵」，《史記》〈匈奴傳〉之「甌脫」也。蒙文為（orto），義為宮殿，實即蒙古包。《遼史國語解》曰：「斡魯朵，宮也。」《黑韃事略》曰：「窩裏陀，猶漢移蹕之所。」乃以之代表權貴之家。「官錢」者，以出自權貴之家，故稱也。是以「斡脫官錢」，即所謂「豪門資本」，此為本錢，羊羔利為利息，一體兩面，不盡相同。唯《屠氏蒙兀兒史記》謂：「斡脫，今譯作猶太。」似不盡妥。

今日所謂：年息複利，百分之百是也。故一錠之息，展轉十年，竟至一千二十四錠之巨。《黑韃事略》：「一錠之本，展轉十年後，其息一千二十四錠。」蓋自第一年而至第十年，其本息以次為：二、四、八、十六、三十二、六十四、一二八、二五六、五一二、一〇二四錠。

《牧庵集》〈譚公神道碑〉：「稱貸胡賈，因不能償，迫改立約，以子為母，譬以牸生牸牛，十年千頭。」

二、胡賈經營之方法

蒙人既重利盤剝如此，故胡賈狡滑之尤者，恒詐稱遇盜，責償于民。《黑韃事略》：「或詐稱被劫，而責償於州縣民戶。」又云：「或託夜偷，而責償于民。」

蓋元代盜賊充斥，凡遇盜竊，而週歲不獲正賊者，每令所在人民賠償也。

《新元史》〈耶律楚材傳〉：「國初盜賊充斥，周歲不獲正賊，令本路民戶償其失物。」《元史》〈刑志〉：「諸失盜，捕盜官不立限捕盜，卻令他戶賠償事主財物者，罰俸兩月；仍立限追捕。」按：昔日失盜令民賠償，故始有此令也。

復以蒙俗，拾遺者死。

《黑韃事略》：「其國……遺火而爇草者誅其家；拾遺者……誅其身。」

輒又故遺錢物，遇拾之者，手方及物，即乘機脅迫，詐索于民。

《黑韃事略》：「韃俗真是道不拾遺；然不免有盜。只諸亡國之人為之。回回又以物置無人之地，卻遠遠卓望，才有人觸著，急來昏賴。回回之狡心最可畏。」

至其良善者，雖有多方販賈，用獲巨息。然每依蒙人利率，轉貸于民。

《黑韃事略》：「自韃主以下，只以銀與回回，令其自去賈販以納息。回回或自轉貸與人，或自多方賈販。」

三、吏民舉債之原因

考斯時，方當殺掠浩劫之餘，大河以北蕩無完城，河南一帶千里蕭條。

《元文類》〈廣威將軍郭君墓誌〉：「貞祐初，中夏被兵……。自北兵長驅而南，燕趙齊魏，蕩無完城。」

《烏臺筆補》〈乞權免大名等路今秋滯納中都遠腳倉錢糧事狀〉：「兼以河南，千里蕭條，人煙斷絕。」

少壯死鋒鏑，老弱葬溝壑。

《靜修集》〈孝子白君墓表〉：「貞祐元年十二月十有七日，保州陷，盡驅居民出……。是夕下令，老者殺，卒聞命以殺為嬉……。後兩日，令再下，無幼老盡殺。」

《牧庵集》〈湖廣行省右丞神道碑〉：「國家為制，城拔必屠。」

生齒耗亡，幸存無幾。

《牧庵集》〈故從仕郎真定路總管府經歷呂君神道碑〉：「河朔干戈弗靖者，皆二十年，生齒耗亡十七。」《元朝名臣事略》〈太保劉文正公〉：「邢州古名郡也，國初為某官食邑，州舊萬餘戶，兵興以來，不滿五七百。」

兼又用兵江淮，軍輸千里。

《牧庵集》〈有元故少中大夫淮安路總管兼府尹兼管內勸農事高公神道碑〉：「又以用兵襄陽，賦河北諸路之民轉漕，人畜勞斃，而粟至者，亦絕續不時。」

失物賠償，所在累積逾萬。

> 《元文類》〈中書令耶律公神道碑〉：「國初，盜賊充斥，商賈不行，則下令：凡有失盜處，周歲不獲正賊，令本路民戶代償其物，前後累積，動以萬計。」

而官吏復以無產僑戶入籍，用示其庶。

> 《牧庵集》〈譚公神道碑〉：「初，乙未料民，州縣率以無產僑客入籍，用示其庶。及賦下，悉避逃徙。」

因緣作弊，科徵無度。

> 《元朝名臣事略》〈宣撫使張公〉：「河東賦役，素無適從，官吏囊橐為姦，賦一徵十，民不勝其困苦，故多流亡。」
>
> 《新元史》〈陳祐傳〉：「中統元年，真除祐為總管，時州縣未給俸，多貪暴，祐獨以清慎見稱。」

遂致人民逃亡幾半，而役賦不減，悉行科民包當。

> 《元朝名臣事略》〈中書令耶律文正王〉：「國初，籍天下戶，得一百四萬，至是逃亡者十四五，而賦仍舊，天下病之。」
>
> 《烏臺筆補》〈議卹民〉：「又軍戶逃亡，閃下差發，復洒見戶包納，割剝民肌未見如此之甚也。」

故黎民耙疏於榛莽瓦礫之中，生理本極單弱，上貢之賦，自無所從出。而州縣官吏，亦懼歲輸逾限，別致罪譴。

《新元史》〈食貨志〉：「輸納之期，分三限……。違限：初限笞四十，再犯杖八十，其失限或稅石不足，各處之達魯花赤、管民官、部民官、糧官，不分首從，一同科罪。」

遂相與舉債胡賈，用充貢賦。

《牧庵集》〈磁州滏陽高氏墳道碑〉：「壬子（按：憲宗二年），天下大科民戶，歲入銀四兩。民已無所予得，州縣迫徵不休，回鶻利之，為卷出母錢代輸，歲責倍償。」

《元文類》〈中書令耶律公神道碑〉：「所在官吏，取借回鶻債銀。」

《元朝名臣事略》〈丞相史忠武王〉：「自乙未版籍後，政繁賦重，急於星火，以民猝不能辦，有司貸賈豎子錢代輸。」

四、為患之烈，天下騷然

比至期，胡賈偕諸王侍衛，按卷來徵。

《新元史》〈食貨志〉：「中統三年，定諸王投下取索債負人員，勿得……攪擾不安，違者罪之。」

小民舉債，固自籌償還。而官吏爲貢賦以舉債胡賈者，亦分科于民。

《元文類》〈宣撫使張公〉：「板蕩後，民耗弱，不任差役；官從賈豎貸子錢，以充貢賦，謂之羊羔利。歲久來責所負，例徵配民伍。」

唯斯時，人民既無所得，自然無力償還，故徵債之侍衛、胡賈，遂強取其生畜，折沒其財物。

《新元史》〈食貨志〉：「中統三年，定：諸王投下取索債負人員，勿得將欠債官民人等，強行拖拽人口，頭匹，准折財產。」按：既有此禁，故知令下之先，必有強沒人口生畜之強暴情形也。

逼索之暴，至如夏以火迫，冬置冰室，天下爲之騷然。

《元朝名臣事略》〈平章廉文正王〉：「富民貸錢民間，至本息相當，責入其本，又以其息為卷，歲月責償，號羊羔利。其徵取之暴，如夏以火迫，冬置凌室，民不勝其毒。」

故負債之民，輒多舉家遠竄逃匿。

《新元史》〈食貨志〉：「元貞元年詔：貸斡脫錢逃匿者，罪之。」按：既有此詔，足證逃債者眾多也。

而歲月稍久者，更是鬻田舍，沒妻子而不能償。

《元文類》〈中書令耶律公神道碑〉：「羊羔利積而不已，往往破家散族，至以妻子為質，終不能償。」

《元朝名臣事略》〈丞相史忠武王〉：「羊羔利歲月稍積，操籍來徵，民至賣田鬻妻子，有不能給者。」

官吏亦因闔郡負債盈百萬，多委印逃去。

《牧庵集》〈磁州滏陽高氏墳道碑〉：「回鶻……為卷出母錢代輸……不能十年，闔郡委積，數盈百萬，令長逃債，多委印去。」

極其所至，竟一無憑籍——無債卷、無數目，而強索於民。此誠名為索債，實則豪取霸奪也。

《新元史》〈食貨志〉：「六年（按：大德），札忽真妃子、念木烈大王位下，遣使人燕只哥歹等，追徵斡脫錢物，不由中書省，亦無元借斡脫錢數目，止云借斡脫錢人不魯罕丁等三人，展轉相攀，牽累一百四十餘戶。」

五、累詔禁止，收效甚少

羊羔利為患既烈，所在官吏，知之又深，故其賢者，多挺身而出，為民請命。始則太宗八年，交城令譚澄，言于中書令耶律楚材。

《牧庵集》〈譚公神道碑〉：「……入覲，因中書耶律公面陳：初乙未料民……，賦下，悉避逃徙……，官無所取，稱貸賈胡……，譬以牸生牸牛，十年千頭，滋息日增。帝為哀之」

楚材遂因而請于朝，制許蠲其逋懸，無夠現民，公私之負，官為代償。且令今後舉債，不論歲月久遠，至本利相稱為止，永為定制。

《元朝類》〈中書令耶律公神道碑〉：「丙申（按太宗八年），上會諸王貴臣，親執觴以賜公。是歲始定天下賦……，所在官吏，取借回鶻債銀……謂之羊羔利，積而不已……，公為請于上，悉以官銀還，凡七萬六千定，仍奏定今後不以歲月遠近，子母相侔，更不生息，遂為定制。」

明年，提領眞定府事張德輝，亦言于史天澤。

《元朝名臣事略》〈宣撫使張公〉：「公名德輝，字耀卿，冀寧交城人……。乙未，從開府（按：史天澤）南征……。光州下……，師還，兼提領真定府事。板蕩後，民耗弱……官從賈豎貸子錢……，謂羊羔利。歲久來責……，有破產不能償者。公言于開府，請於朝。」按：德輝請于史天澤，事繫南征克光州之後，年紀不載。然據《新元史》〈史天澤傳〉：「九年（按：太宗）從口溫不花攻光州。」故此事當在九年。

天澤遂復請於太宗，制如前令，佈告諸路，永爲定制。

《秋澗集》〈開府儀同三司中書左丞相忠武史公家傳〉：「金亡，公還趙視師。自乙未版籍後，政繁賦重，急于星火，以民蕭條……，有司貸賈豎子錢代輸……，謂之羊羔利……。公惆焉，詣闕併奏其事。民債官為代償，一本息而止……上皆從之。布告諸路，永為定制。」

迨憲宗四年，廉希憲宣撫關中，更痛懲高利貸款，且令本利對償，餘卷悉焚。

《元朝名臣事略》〈平章廉文正王〉：「上（按：世祖）初以京兆分地，置宣撫司。歲甲寅

（按：憲宗四年），還自雲南，即命公為宣撫使。京兆諸郡，臂連隴蜀，諸王貴藩，環擁周布，戶雜羌戎，尤號難治。公摧摘奸強，扶植貧弱……，富民貸錢民間……，號羊羔利……。其徵取之暴……，民不勝其毒，公正其罪。雖歲月踰久，勿過本息對償，餘皆取卷焚之，後著之令。」

世祖即位，亦詔禁諸王高利貸款。

《元史》〈本紀〉：「定諸王不許擅招民戶，不得以銀與非投下人為斡脫。」按：此處「斡脫」爲斡脫官錢之省文。

中統三年，復詔令追索債負，勿得沒人妻孥。

《新元史》〈食貨志〉：「中統三年，定：諸王投下，取索債負人，勿得將欠債官民人等，強行拖拽人口、頭匹……，違者罪之。」

至元八年，以債主分行追索，天下騷然，遂立斡脫所，以掌其事。

《新元史》〈食貨志〉：「至元八年，立斡脫所，以掌其追徵之事。」按：斡脫所，即負責追徵斡脫官錢及羊羔利，亦即管理高利貸款本息之衙門。

二十年，罷斡脫所負官錢，並免未徵之高利貸款。蓋官爲追索，亦不易也。

《新元史》〈食貨志〉：「二十年，蠲昔剌斡脫所負官錢。是年，詔未收之斡脫錢，悉免之。」

二十九年，復詔負債之中戶，徵還借款，而免其息。窮苦者，本息皆免之。

《新元史》〈食貨志〉：「二十九年，復詔窮民無力者，本利免其追徵。中戶，則徵其本，而免其息。」

逮元貞元年，以逃債者眾，詔令逃匿者罪之，首告者受賞。

《新元史》〈食貨志〉：「元貞元年詔：貸斡脫錢而逃匿者罪之；仍以其錢賞首告者。」

大德元年，更詔禁權豪世家，高利貸款。

《新元史》〈食貨志〉：「大德元年，禁權豪斡脫。」

二年，復重申前禁，追徵勿得沒人妻子。

《新元史》〈食貨志〉：「大德二年，諸王阿只吉，索斡脫錢，命江西行省，籍負債者之子婦。省臣以江南平定之後，以人為貨，久行禁止，移中書省罷其事。」

六年，詔令放款徵索，悉會中書。非以理追索，籍詞豪奪者禁之。

《新元史》〈食貨志〉：「六年，札忽真妃子、念木烈大王位下遣使人燕只哥歹等，追徵斡脫錢物，不由中書省，亦無元借斡脫錢數目……。中書省議准：凡徵斡脫官錢者，開坐債負戶，計人名、數目，呈中書省，轉咨行省官，同為徵理，照驗元坐取斡脫官錢人姓名，依理追徵，勿致勾擾違錯，著為令。」

及延祐六年，又詔徵斡脫錢者，禁乘舖馬，違者杖一〇七。

《元典章》：「延祐六年，宣政院官人每，差往西番地面，招捕牌面，徵收斡脫等錢，多用鋪馬，斷一百七，除名不敘。」

六、結論

總之，自太宗八年以降，歷定宗，憲宗，世祖，成宗，武宗，仁宗等七世，對「豪門資本」之高利貸款，累禁無效。而東至青齊，西及關中，南逾江淮，天下爲之騷然者，幾與有元一代相始終，長達七十五年之久。此固元代苛政之一；然元廷多方禁止，改善，亦元代愛民之一大德政也。尤有進者，此制雖始見於《黑韃事略》，成書約在太宗七八年，然爲時久遠，乃北疆草原宗族故俗，當無疑問。又據趙尺子先生函告：「民元以前，蒙人以羊羔易漢商貨物寫『存羊羔（母羊）一頭』，其羊仍歸蒙人代牧。漢人於下半年起，每半年向蒙人取大羊一頭，一年兩頭。」以此類推，存羊一頭，一年後收取兩頭，兩年四頭，正羊羔利也。又云：「外蒙古王公欠商人之羊羔利，累世不得清還，謂之『子孫債』。」是羊羔利之影響，不僅蒙元一代而已焉。

（原載民國五十六年一月《反攻月刊》二九八期）

元代歲幸上都紀要

上都原名開平，又稱上京，亦號北都。

《新元史》〈地理志〉：「上都路，金桓州地，元初為札剌兒，兀魯特兩部分地，憲宗六年，世祖命劉秉忠建城於桓州東，灤水北之龍岡，中統元年，賜號開平，五年建為上都。」

《清容居士集．開平第二集》有〈上京雜詠〉十首，〈再次韻〉十首。

《柳待制集》〈上京紀行序〉：「延祐七年，貫以國子助教北都生，始出居庸，臨灤水之陽，而次止焉。」

復因灤河逕其陽。

《畿輔通志》〈灤河水道〉：「今灤河之上流曰上都河……，又東北流二十里，逕巴什爾泰，六里至上都城西，折東流五里，逕上都城南，所謂上都河屯也。上都者，即元之開平府。」

更別號灤京，灤陽或灤都。

《元朝制度考》：「開平亦有時稱灤京，因居灤河上流，故有此雅名。」

《純白齋類稿》：上京紀行詩中，有〈灤陽十詠〉。〈柳貫亦跋〉曰：「昔余再遊灤陽，嘗隨景成詩，不能如古愚之多且奇也。」按：水北山南曰陽，開平北枕臥龍山，灤水逕其南，故又雅號灤陽。

《輦下曲集》：「祖宗詐馬宴灤都，挏酒哼哼載憨車。向晚大安高閣上，紅竿雉帚掃珍珠。」

元代帝王，每夏例往巡幸，以避暑。

《續通志》〈都邑略〉：「上都金桓州……，中統元年為開平府，四年以闕廷所在，加號上都，每歲巡幸。」《灤京雜詠》：「行幸上京，蓋云避暑也。」

《純白齋類稿》〈灤陽十詠〉：「帝業龍興復古初，穹窿幄帳倚空虛，年年清暑大安閣（按：《新元史》〈地理志〉：世祖遷宋汴京之熙春閣，於上都，為大安閣），巡幸山川太史書。」

蓋以其氣候清涼也。

《馬可波羅行紀》〈上都城〉：「汗……居此三月者，蓋其地天時不甚炎熱，而頗清涼也。」

《山居新話》〈上都〉：「上都五月雪飛花，頃刻銀妝十萬家，說與江南人不信，只穿皮襖不穿紗。」

《清容居士集．開平第四集》：「開平昔賢有詩：片雲三尺雪，一日四時天，曲盡其景，遂用其語為十詩。」

據馬可波羅、多桑謂：世祖之世，率於六月、七月、八月，駐蹕上都。

《馬可波羅行紀》：「獵後復返汗八里宮中，留居三日，其後赴其營建之上都，竹宮所在之地，即陽曆六月、七月、八月，最後復返其汗八里都城。」按：汗八里，即大都。

《多桑蒙古史》：「此汗（按：世祖）於每年六月、七月、八月駐夏於開平。」然並非史實。蓋據《新元史》〈本紀〉，大體世祖、成宗、仁宗，泰定諸帝，多於三月往幸。文宗每在四月，順帝則於五月。唯泰定以上，亦間有二月或四月北巡者。至其南返，率在八月或九月。其中成宗，嘗遲至十月，始行還燕。

一、出發

出發之時，威儀壯觀，扈從極盛，所謂十里貔貅，萬騎列旌是也。

《石田集》〈駕發上京〉：「蒼龍對闕夾天閽，秋駕凌晨出國門，十里貔貅騎騕褭，一雙日月繡旗旛。講蒐獵較黃羊圈，賜宴恩沾白獸尊，赫奕漢家人物盛，馬鄉有賦在文園。」

《純白齋類稿》〈灤陽十詠〉：「萬騎櫜韃列旆旌，周廬嚴肅駕將輿，帳前月色如霜白，曉汲灤河窟裏冰。」

復盛陳奇獸，馭象而行。

《灤京雜詠》：「撒道黃塵輦輅過，香焚萬室格天和，兩行排列金錢豹，欽察將軍上馬駝。」

《輦下曲集》：「當年大駕幸灤京，象背前馱幄殿行，國老手鑪先引導，白頭聯騎出都城。」入夜，更燭炬輝煌，籠列成城。於沙漠草原，群山疊翠中，殊乃絕景。

《灤京雜詠》：「宮車次第起昌平，燭炬千籠列火城，纔入居庸三四里，珠簾高揭聽啼鶯。」至國老前引，宮女持「固姑」羽飾尺許，對坐車中尾行，紅顏白髮，則又別饒風趣，另爲一番情調。

《灤京雜詠》：「香車七寶固姑袍，旋摘修翎付女曹，別院笙歌承宴早，御園花簇小金桃。」註謂：「凡車中戴固姑，其上羽毛又尺許，拔付女侍手持，對坐車中，雖后妃駝象亦然。」

二、歡迎

迨及沙嶺，上都百官，遠迎於斯。

《扈從集》：「時川平似掌，地勢與天寬，煙草青無際，雲岡影四圍，貔貅環武陣，麟鳳擁和鑾，高獻南山壽，同承湛露歡。」註謂：「是日上都守土官，遠迎至此，內廷小宴。」既抵開平，入內城，於是千官下馬，舞女前導，載歌載舞，至玉階乃止。郊迎之遠，歡迎之盛，可謂極矣。

《灤京雜詠》：「又是宮車入御天，麗姝歌舞太平年，侍臣稱賀天顏喜，壽酒諸王次第傳。」

註謂：「千官至御天門，俱下馬徒行，獨至尊乘馬直入，前有教坊舞女引導，且歌且舞，舞出天下太平字樣，至玉階乃止。內門曰御天之門。」

逮其南轅，至懷來，凡留京官署，皆盛具牲，酒於此迎候。仍大張宴，以慶北還。盛迎之況，較北上時，不稍遜也。

《扈從集》：「至懷來縣……，凡官署留京師者，皆盛具牲酒果核，於此迎候大駕，仍張大宴，慶北還也。」

三、活　動

數月駐蹕，其間重要活動，有祭典，宴樂，競技，校獵及帝師之雜陳百戲，以遊皇城等。計四月郊祭，七月祭祖，皆蒙俗也。皇族之外，不得預禮。

《秋澗集》〈中堂紀事〉：「夏四月……六日……班退，綸諸相曰：翼日朕祭灑馬酮，卿等不必扈行……。八日己亥，天日極晴朗，上祀天於舊桓州西北郊，皇族之外，皆不得預禮也。」

《近光集》〈立秋日書事〉：「大駕留西內，玆辰祀典揚，龍衣遵質樸，馬酒薦馨香。望祭林園邈，追崇廟祐光，艱難思創業，萬葉祚無疆。」註謂：「國朝歲以七月七日或九日，天子與后，素服望祭北方陵園，奠馬酒，執事皆世臣子弟，是日擇日南行。」

《扈從集》：「七月九日，望祭陵園竣事，屬車轅皆南向，彝典也。」

《馬可波羅行紀》：「諸汗常於……每年陰曆七月七日祭祖，由珊蠻一人面向北，大聲呼成吉思及諸故汗名，洒馬乳於地以祭。」

唯《元史》〈國俗舊禮〉謂：祀天祭祖之典，在八月二十四日，漢人亦得預禮焉。

《元史》〈禮志・國俗舊禮〉：「每歲駕幸上都，以八月二十四日祭祀，謂洒馬嬭子，用馬一，羯羊八，綵緞練絹各九疋，以白羊毛纏若穗者九，貂鼠皮三，命蒙古巫覡及蒙古漢人秀才達官四員，領其事，再拜告天，又呼太祖成吉思御名，而祝之曰：托天皇帝福蔭，年年祭賽者，禮畢。」

賜宴群臣，一在始達，五月或六月。一在將返，八月或九月。號馬嬭子宴，蓋嘉百官之扈從也。

《柳待制集》〈觀失剌斡耳朵御宴回〉：「氈幕承空掛繡楣，綵繩亙地掣文霓，辰旂忽動祠光下，甲帳徐開殿影齊，芍藥名花圍簇坐，蒲萄法酒折封泥，御前賜酺千官醉，恩覺中天雨露低。」註謂：「車駕駐蹕，即賜近臣灑馬嬭子，御宴設氈殿失剌斡耳朵，深廣可容數千人。上京五月，芍藥始花。」

《扈從集》：「車駕既幸上都，以是年六月十四日，大宴宗親世臣、環衛官於西椶殿，凡三日。」

《灤京雜詠》：「內宴重開馬湩澆，嚴程有旨出丹霄，羽林衛士桓桓集，太僕龍車款款調。」註謂：「馬湩，馬嬭子也，每年八月開馬嬭子宴，始奏起程。太僕寺，掌馬者。」

《馬可波羅行紀》：「每年八月二十八日，大汗離此地時，盡取此類牝馬之乳洒之地上。」

與宴者，皆華其衣飾，服悉一色，故又稱質孫宴，亦作只孫宴。

《輦下曲集》：「只孫官樣青紅錦，裹肚圓文寶相珠，羽仗執金班控鶴，千人魚貫振嵩呼。」

柯九思〈宮詩十九首〉：「萬里名王盡入朝，法官置酒奏簫韶，千官一色真珠襖，寶帶攢裝穩稱腰。」註謂：「凡諸侯王及外蕃來朝，必賜宴以見之，國語謂之質孫宴，質孫，漢言一色，言其衣服一色。」

《元史》〈輿服志〉：「質孫，漢言一色服也，內廷大宴則服之，冬夏之服不同，然無定制。凡勳戚大臣近侍，賜之則服之，下至樂工衛士，皆有其服，精粗之制，上下之別，雖不同，總謂之質孫。」

《元史》〈元正受朝儀〉：「后妃諸王駙馬……，僧道耆老，外國藩客，以次而賀，禮畢，大會諸王宗親駙馬大臣，宴饗殿上……。凡大宴……，預宴之服，衣服同制，謂之質孫。」

凡宴，奇珍並陳。

《灤京雜詠》：「嘉魚貢自黑龍江，西域葡萄酒更良，南土至奇誇鳳髓，北陲奇品是黃羊。」

雲和奏樂，教坊起舞。

《灤京雜詠》：「儀鳳伶官樂既成，仙風吹送下蓬瀛，花冠簇簇停歌舞，獨喜簫韶奏太平。」註謂：「儀鳳司，天下樂工隸馬。每宴，教美女必花冠錦繡，以備供奉。」「雲和署，隸鳳儀司，掌天下樂工。」

《輦下曲集》：「西方舞女即天人，玉手曇花滿把青，舞唱天魔供奉曲，君王常在月宮聽。」

「教坊女樂順時秀，豈獨歌傳天下名，意態由來看不足，揭簾半面已傾城。」

復有番僧設止雨壇，俾竟宴享之會。

《灤京雜詠》：「雍容環珮肅千官，空設番僧止雨壇，自是半晴天氣好，螺聲吹起宿雲寒。」註謂：「西番種類不一，每即殊禮。燕享大會，則設止雨壇於殿隅，時因所見，以發一哂。」

袁伯長桷有詩，最足紀其盛事。

《清容居士集》〈內宴〉：「寶勒猩纓雁翅屯，錫鑾款款奏南薰，珠冠聳翠千行列，雉扇交鸞五采分，宮漏解留黃道日，御爐能接紫霄雲，漢家天子空英武，置酒爭功始考文。」同書：「棕殿沈沈曉日清，靜鞭初徹四無聲，挏官玉乳千車送，酒正瓊漿萬甕行，肯以馳峰專北饌，不須瑤桂託南烹，先皇雄略丞諸夏，擬勝周家宴鎬京。」

競技之舉凡二，一曰貴赤競走，二曰詐馬宴之賽馬，皆所以寓兵於樂也。貴赤亦作貴由赤，有快走健腳者之意。

《元朝怯薛及斡耳朵考》：「貴赤（按：亦作貴由赤）……，有疾走者之意，至少為由健腳組織成者。」

乃元代特技親軍之一。

《元代蒙漢色目人待遇考》：「其初，始選有此種特技之士兵，使服特別之任者，及經若干年月，其內容已有若干變化，但尚為親軍之一，而受朝廷之優待……。〈食貨志〉歲賜條，則與服事官廷之昔寶赤，必闍赤等相並，而紀之歲賜事。」

《元史》〈明安傳〉：「至元十三年，世組祖民之蕩析離居及僧道漏籍，諸色不當差徭萬餘人，充貴赤，命明安領之。」

競走之時，黎明出發，距可二百里，若今日之長途賽跑然，先至御前者，受上償。

《輟耕錄》：「珪齊者，快行是也，每歲一試之，名曰放走，以腳力健捷者受上償。故監臨之官，齊其名數，而約之以繩，使無後先差錯之爭，然後去繩放走。在大都則自河西務起程，若上都則自泥河兒起程，越三時，走一百八十里，直抵御前，俯伏呼萬歲，先至者，賜銀一餅，餘者賜段匹有差。」

《山居新話》：「頭名者，賞銀一錠，第二名賞段子四表裏，第三名二表裏，餘者各一表裏。」按：珪齊，即貴赤，或貴由赤之異譯。

楊允孚嘗有詩，以詠紀之。

《灤京雜詠》：「九奏鈞天樂漸收，五雲樓閣翠如流，宮中又放灤河走，相國家奴第一籌。」

註謂：「灤河至上京二百里，走者名桂齊，黎明自灤河至御前，巳初中刻者上賞。」

詐馬宴。箭內亙據乾隆御製〈塞宴四事〉之詩，謂乃幼童賽馬，且不得稱爲質孫宴。

《元朝制度考》〈詐馬詩序〉：「詐馬為蒙古舊俗，今漢語俗所謂跑等者也。然元人所云詐馬，實咱馬之誤。蒙古語謂掌食之人為咱馬，蓋呈馬戲之後，則治宴以賜食耳，所云質孫，乃馬之毛色，即今蒙古語所謂積蘇者，是亦屬魚魯。茲札薩克於進宴時，擇名馬數百，列二十里外，結束鬃尾，去羈韉，馳用幼童，皆取其輕捷致遠，以槍聲為節，遞施傳響，則眾騎齊騁，驫駴山谷，騰躍爭先，不踰晷刻而達，掄其先至者，三十六騎，優賚有差，所以柔遠人，講武事也。」

同書：「據此詩序，所謂詐馬者，即幼童競馬也……。謂……只孫宴，即詐馬宴，則周伯琦之誤解也。」

然據周伯琦「詐馬行序」，謂競馬則良確，稱幼童似未妥。至別稱質孫宴，則以服悉一色也，當無非是處。

《近光集》〈詐馬詩序〉：「國家之制，乘輿北幸上京，歲以六月吉日，命宿衛大臣及近侍，服所賜只孫珠翠金寶衣冠腰帶，盛飾名馬，清晨自城外，各持綵杖，列隊馳入禁中，於是上盛服，御殿臨觀，乃大張宴為樂，惟宗王戚里宿衛大臣，前列行酒，餘各以所職，敘坐合飲，諸坊奏大樂，陳百戲，如是者凡三日而罷，其佩服日一易，大官用羊二千，噭馬三四，他費稱是，名之曰質孫宴。只孫，華言一色衣也，俗呼曰詐馬筵。」

賽時，六月擇吉舉行，人馬盛飾。唯灤京雜詠，謂在六月三日。

《灤京雜詠》：「千官萬騎到山椒，箇箇金鞍雉尾高，下馬一齊催入宴，玉蘭干外換宮袍。」

註謂：「每年六月三日，詐馬筵席，所以喻其盛事也，千官以雉尾飾馬入宴。」

《清容居士集．開平第三集》〈裝馬曲〉：「綵絲絡頭百寶裝，猩血入火齊光。錫鈴交驅八風轉，東西夾翼雙龍岡。伏日翠裘不知重，珠帽齊肩顫金鳳。絳闕蔥曨旭日初，逐電迴飈斗光動。寶刀羽箭鳴玲瓏，雁翅卻立朝重瞳。沈沈棕殿雲五色，法曲初奏歌薰風。酮官庭前列千斛，萬甕蒲萄凝紫玉。馳峰庛掌翠釜珍，碧實冰盤行陸續。須臾玉卮黃帕覆，寶訓傳宣爭頫首。黑河夜渡辛苦多，畫戟雕闌總動舊。龍媒嘶風日將暮，宛轉琵琶前起舞。鳴鞭靜蹕宮門閉，長跪齊聲呼萬歲。」

宴則列奇獸，歌舞百戲並陳，三日乃罷。

《灤京雜詠》：「錦衣行處狻猊習，詐馬宴前虎豹良，特敕雲和罷絃管，君王有意聽堯綱。」

註謂：「詐馬筵開，盛陳奇獸，宴享既具，必一二大臣稱青吉斯皇帝，禮撒，於是而後禮有文，飲有節矣。」

《扈從集》〈詐馬行序〉：「諸坊奏大樂，陳百戲，如是者凡三日而罷。」

望群騎花團錦簇，哄散萬花中，良宴樂之極至也！

《輦下曲集》：「三司侍宴皇情洽，對御吹螺大禮終，寶扇合鞘催放仗，馬蹄哄散萬花中。」

《草木子》〈雜制篇〉：「北方有詐馬宴席，最其筵之盛也，諸王公貴戚子弟，競以衣馬華侈相高也。」

周伯琦〈詐馬行〉，最足紀其盛。

《近光集》〈詐馬行〉：「華鞍鏤玉連錢驄，彩暈簇轡珠英重，鈎膺障顱鞶鏡叢，星鈴綵校聲瓏瓏，高冠艷服皆王公，良辰盛會如雲從，明珠絡翠光籠蔥，文繪縷金紆晴虹，犀毘萬寶腰鞓紅，揚鑣迅策無留蹤，一躍千里真游龍，渥洼奇種皆避鋒，藹如飛仙集崆峒，乘鸞跨鳳來層空，是時閶闔含薰風，上京六月如初冬，金支滴露冰華濃，水晶殿閣搖瀛蓬，扶桑海色朝曈曈，天子方御龍光宮，袞衣玉璪回重曈，臨軒接下天威崇，大宴三日酣群悰，萬羊臠炙萬甕釀，九州水陸千官供，曼延角觝呈巧雄，紫衣妙舞衣細蜂，鈞天合奏春融融，獅獰虎嘯跳豹熊，山呼鰲抃萬姓同，曲欄紅藥翻簾櫳，柳枝飛蕩搖蒼松，錦花瑤草煙茸茸，龍岡拱揖灤水淙，當年定鼎成周隆，宗藩盤石指顧中，與王彝典歲一逢，發揚祖德並宗功，康衢擊壤登時雍，豈獨耀武彰聲容，願今聖壽齊華嵩，四門大啟達四聰，臣歌天保君彤弓，更圖王會傳無窮。」

宴享競技，既在六月，是月之望日，帝師復雜陳百戲，登城設宴，故巡幸上都中，六月實乃宴樂之高潮月。

《灤京雜詠》：「百戲遊城又及時，西方佛子閱宏規，綵雲隱隱旌旗過，翠閣深深玉笛吹。」註謂：「每年六月望日，帝師以百戲入內，從西華門入，然後登城設宴，謂之遊皇城是也。」《輦下曲集》：「鑪香夾道湧祥風，梵輦遊城女樂從，望拜綵樓呼萬歲，柘黄袍在半天中。」「華纓孔帽緒番隊，前導伶官戲竹高，白傘葳蕤避馳道，帝師輦下進葡萄。」

逮秋高馬肥，仍大舉校獵於北涼亭，東涼亭，西涼亭，察罕腦兒，百查兒川，散不剌川諸地，此又別爲一番行樂也。

《讀史方輿紀要》：「涼亭，在開平故衛城南，有東西二涼亭，乃元時巡幸駐蹕處。又衛北有北涼亭，亦元時獵狩處。」《近光集》：「上京之東五十里，有東涼亭，西百五十里，有西涼亭，其地皆繞水草，有禽魚山獸，置離宮，巡狩至此，歲必獵較焉。」《扈從集》：「察罕腦兒，云然者，猶漢言白海也，其地有水濼，汪洋而深不可測，下有靈物，氣皆白霧，其地有行在宮……，秋必校獵焉。」《柳待制集》：「八月三日，大駕北巡，將校獵于散不剌，詔免漢官扈從，南旋有期，喜而成詠。」《讀史方輿紀要》：「百査兒川，亦在開平故衛境，元順帝至元中，大獵于此。」「三不剌川，在開平故衛境。元主鐵木兒立于上都，狩于三不剌川之地，以董文周諫，遂還大都。」

（按：即散不刺。）

四、結　論

扈從上都，蒙人良爲賞心樂事。唯白首文翰，襆被千里，又當天寒路險，良亦苦矣！迺賢有詩：「征人七月度榆關，貂皮裁衣尚懼寒。」袁桷《開平第四集》〈序〉亦謂：「五月灤陽大寒」。袁桷曾賦詩五首，以述〈行路難〉：「桑乾嶺上十八盤，赤日東出紅團團，迴頭平田樹如髮，北去沙石何彌漫，青帘高低知客倦，勸汝一杯下前阪，馬蹄護鐵聲琮琤，帖石朱闌列危棧，度嶺林昏泊官驛，冰湧虛泥踰五尺，馬行猶知泥淺深，重車沒踝路莫尋。」故〈子規詞〉，愴然有感曰：「不如歸去，君家南山松萬樹，我欲送君歸，憐汝歲上灤陽路。」

然得一覽邊外名勝，預聲色極娛，兼以上都風光，似屬不惡：煙柳成行，金蓮滿野，芍藥墨菊，皆殊堪欣賞。

《灤京雜詠》：「東風吹暖柳如煙，寄語行人緩著鞭，燕舞巧防鴉鶻落，馬嘶驚起駱駝眠。」「時雨初肥芍藥苗，脆甘味壓酒腸消，揚州簾卷東風裏，曾惜名花第一嬌。」有註云：「草地芍藥，初生軟美，人多采食之。」又云：「東風亦肯到天涯，燕子飛來相國家。若較內園紅芍藥，洛陽輸卻牡丹花。」註謂：「內園芍藥彌望，亭亭直上數尺許，花大如斗，揚州芍藥稱第一，終不及上京也。」

《上京雜詠》：「土屋層層綠，沙坡簇簇黄，馬鳴知雹急，雁過識天涼，墨菊清秋色，金蓮細雨香，內園通閬苑，千樹壓群芳。」

至閒中看打毬鬥鵪，賞華嚴寺之奇構。

《輦下曲集》：「閒家日逐小公侯，藍棒相隨覓打毬，向晚醉嫌歸路遠，金鞭捎過御街頭。」「鬥鵪初罷草初黃，錦袋牙牌日自將，鬧市閒坊尋搭對，紅塵走殺少年狂。」

《開平第四集》〈華嚴寺〉：「寶構熒煌接帝青，行營列峙火晶熒，運斤巧鬬攢千柱，相杵歌長築萬釘，雲擁殿心團寶蓋，風翻簷角響金鈴，隃知帝力超前古，側布端能動地靈。」註謂：「殿基水泉湧沸，以木釘萬枚築之，其費鉅萬。」

郊遊逢民女修禊事，寶金花，均別有一番風趣，未知能差可自遣否。

《山居新話》：「余屢為灤陽之行，每歲七月半，郡人傾城出南門外祭奠，婦人悉穿金紗，謂之賽金紗，以節序之稱也。」

《灤京雜詠》：「脫圈窈窕意如何，羅綺香風漾綠波，信是唐宮行樂處，水邊三月麗人多。」註謂：「上巳日，灤京士女，競作綵圈，臨水棄之，即修禊之義也。」

（原載民國五十二年十二月《中國邊政》二、三期）

從元詩論元代宮廷之飲食

元代蒙人，爲草原宗族，逐水草而居，漁獵爲生，故其食，肉而不粒。或取自畜群，以羊爲主，牛次之，非大宴不殺馬，且數不過一。或來自漁獵，如兔、鹿、野豬、黃羊、黃鼠、頑羊、野馬、狼、山羊、豹、狐、熊、羆、獐等。多桑且謂：其食一切動物之肉，即病斃之肉亦食。馬可波羅則稱，尙食法老鼠與狗肉。因塞北河湖，盛產魚類，故亦捕魚而食。以達里泊而論，每年三四月間，溯流而上，河魚塡塞，「殆無空隙」。食時，火燎者十之七八，鼎烹者十之二三。渴則飲馬奶乳酪，一馬之奶，可飽三人，乳酪和水，融即可飲。1

一、飲 食

至於宮廷之飲食，則有酥中極品之醍醐，耶律鑄、周伯琦、迺賢有詩以吟之。2

「眾珍彈壓倒淳熬，甘分教人號老饕。饕大名非癡醉事，待持林酒更持蟹。」註：「《周禮》，八珍第一曰淳熬。注曰：煎醢加於陸稻上沃之，曰淳熬。」

「寶花千樹影扶疏，曲檻回垣碧草腴。內豎飯牛開北苑，玉甌日日進醍醐。」

「上苑含桃熟暮春，金盤滿貯進楓宸。醍醐漬透冰漿滑，分賜堦前儤直人。」

駝蹄羹，駝鹿唇，耶律鑄有詩以讚之。3

「康居南鄙，伊麗（按：伊犁）迤西，沙磧斥鹵地，往往產野駝，與今雙峰家駝無異。肉極美，蹄為羹，有自然絕味：獨擅千金濟美名，賔緣遺味更騰聲。不應也許教人道，眾口難調傳說羹。」

「駝鹿北中有之，肉味非常，唇殊絕美，上方珍膳之一也；麟脯推教冠八珍，不甘滕口說猩唇。終將此意須通問，曾是和調玉鼎人。」註：「世號猩唇冠八珍之首，呂氏春秋伊尹說曰：肉之美者，猩猩之唇。」

天鵝炙，爲春水時之尚食。按天鵝即鵠，似鵝而頸長，金頭者爲上。張昱，袁桷，柯九思有詩以誌之。4

「駕鵝風起白毰毸，秋夏跟隨駕往回。聖主已開三面網，登盤玉食自天來。」

「天鵝頸瘦身重肥，夜宿官蕩群成圍……。蓬頭喘息來獻官，天顏一笑摧傳餐……。」

「元戎承命獵郊坰，敕賜新羅白海青，得儁歸來如奏凱，天鵝馳送入宮廷。」

合駝乳糜，紫玉漿，元玉漿及鏖沆，號行帳八珍，亦稱塞北八珍，御廚之小廚房掌之。耶律鑄有詩序以述之，白珽，許有壬有詩以顯之。5

「維在宜都，有請述行帳八珍之說，則行廚八珍也。一日醍醐、二日麆沆、三日駝蹄羹、四日駝鹿唇、五日駝乳糜、六日天鵝炙、七日紫玉漿、八日元玉漿。」

「八珍肴龍鳳，此出龍鳳外。荔枝配江珧，徒誇有風味。」註：「謂迤北八珍也。所謂八珍，則醍醐、麆沆、野駝蹄、鹿唇、駝乳糜、天鵝炙、紫玉漿、紫玉漿也。」

「涼亭雨過長蒲茸，使者求魚月向東。黃鼠頓肥秋後草，海青多逸曉來風，庖羞水陸八珍聚，琛貢梯航萬國通。射獵寧非男子事，莫言丁字勝強弓。」

復有黃羊，以腹色帶黃得名，杜甫曾謂其「飫而不羶」，爲北陲異品，楊允孚，吳當有詩以譽之。6

「嘉魚貢自黑龍江，西域葡萄酒更良。南土至奇跨鳳髓，北陲異品是黃羊。」註：「黑龍江即哈八都魚也。鳳髓、茶名。黃羊，北方所產，御膳用。」

「羽獵長年從翠華，麇鹿生茸草生芽。射得黃羊充內膳，更喜江南新貢茶。」

黃鼠乃灤京珍味，因色黃，似鼠而大得名。用羊乳飼之，用供上膳。許有壬、柳貫，楊允孚有詩以美之。7

「北產推珍味，南來怯陋容。瓠肥宜不武，人拱若為恭。發掘憐禽彌，招來或水攻。君勿急盤饌，幸自勿穿墉。」

「塞雨初乾草未黃，穹廬秋色滿沙場。割鮮俎上薦黃鼠，獲獻腰間懸白狼。別部烏桓知幾族，他山稽落在何方。長雲西北天如水，想見旌旗瀚海光。」

「怪得家僮笑語回，門前驚見事奇哉。老翁攜鼠街頭賣，碧眼黃髯騎象來。」註：「黃鼠，灤京奇品。」

因產量甚豐，故民間亦獵而食之。貢師泰，張昱，迺賢有詩以證之。8

「蕎麥花深野韭肥，烏桓城下行客稀。健兒掘地得黃鼠，日暮騎羊齊唱歸。」

「對朋角飲目相招，黃鼠生燒入地椒。馬湩飲輪金鐸刺，頂寧割髮不相饒。」

「馬乳新挏玉滿缾，沙羊黃鼠割來腥。踏歌盡醉營盤晚，鞭鼓聲中按海青。」

此外，駝峰與熊掌齊進，遠栴，胡助有詩以稱之。9

「棕殿沈沈曉日清，靜鞭初徹四無聲。挏官玉乳千車送，酒正瓊漿萬甕行。肯以駝峰專北膳，不須瑤桂詫南烹。先皇雄略函諸夏，擬勝周家宴鎬京。」

「綵絲絡頭百寶裝，猩血入纓火齊光……。挏官庭前列千斛，萬甕葡萄凝紫玉。駝峰熊掌碧釜珍，碧實冰盤行陸續……。」

「江海詞源正瀰漫，南屏老翠幾回首。花驄蹴踏雪消盡，宮錦淋漓酒吸乾。鸞夜承恩拜寶札，駝峰沾賜出冰盤。英才得展當年治，誰說冷官魚上竿。」

鹿尾與哈八都魚，即鱘魚，亦名鱣兼陳，耶律楚材，楊允孚有詩以誇之。10

「鑾輿秋彌獵南岡，鹿尾分甘賜尚方。濃色殷殷紅玉髓，微香馥馥紫瓊漿。韭花酷辣同蔥韭，芥屑差辛類桂薑。何似羶根蘸濃液，流匙滑飯大家嘗。」哈八都魚，見前引楊允孚詩。

後世又有以吉州玉版筍與白兔胎所作之換舌羹，以及兔絲膳，蜻翅之脯，珍肴奇饌，無出其右。11

而塞北盛產之蘑菇，亦供尚食，許有壬、柳貫，楊允孚有詩以羨之。12

「牛羊膏潤足，物產借英華。帳腳駢遮地，釘頭怒戴沙。齋廚供玉食，毳索出氈車。莫作垂涎想，家園有莫邪。」

「山郵納客供次舍，土屋迎寒催墐藏。砂頭蘑菇一寸厚，雨過牛童提滿筐。」

「海紅不似花紅好，杏子何如芭欖良。更說高麗生菜好，總輸後山蘑菇香。」

牛酥，乳餅，具見於御廚，朱櫹，楊允孚有詩以言之。13

「祈雨番僧鮓畣名，降龍刺馬膽巴餅。牛酥馬乳宮中賜，小閣西頭聽唪經。」

「營盤風軟淨無沙，乳餅羊酥當啜茶。底事燕支山下女，生平馬上慣琵琶。」

肉類，愛蘭乳酪，亦屬尚用，張昱有詩以誌之。14

「守內番僧日念吽，御廚酒肉按時供。組鈴扇鼓諸天樂，知在龍宮第幾重。」

因羊為蒙人之主食，故尚食亦用羊，謂之湯羊。掌之御廚之大廚房，宣徽院領之，楊允孚、張昱、朱櫹有詩以記之。15

「內人調膳侍君王，玉杖平明出建章。宰輔乍臨閶闔表，小臣傳旨賜湯羊。」註：「御前廚常膳，有曰小廚房大廚房。小廚房，則內人八珍之奉是也。大廚房，則宣徽所掌湯羊是也。由內及外，外膳既畢，群臣始入奏事。每湯羊一膳，具數十六，餐餘必賜左右大臣，日以為常。」

「冑監諸生盛國容，大官羊膳兩廚供。六經盡是君臣事，卿相才多在辟雍。」

「夜深燒羆斗前香，旋整雲鬟拂玉床。遇著上班三鼓盡，內廷猶自未抬羊。」

入秋，羊得草實，尤爲鮮美肥嫩，許有壬有詩以誇之。16

「塞上秋風起，庖人急尚供。戎鹽舂玉碎，肥羜壓花重。內淨燕支透，膏凝琥珀濃。年年神御殿，頒餕每霑濃。」

大宴時，因諸王駙馬將相，與宴者眾，故用羊之多，周伯琦有詩以炫之。17

「華鞍鏤玉連錢驄……，天子方御龍光宮。衮衣玉璪回重瞳，臨軒下接天威崇。大宴三日酣群悰，萬羊臠炙萬甕醲……。」

間食米麵，如涼糕，華月糕，圓米。爲確保麵之清潔，磨置樓上，樓下設機軸以旋之，故人畜塵土，皆不能及。楊允孚有詩以陳之。18

「葡萄萬斛壓香醪，華屋神仙意氣豪。酬節涼糕猶未嘗，內家先散小絨條。」

爲念祖宗創業之維艱，兼示子孫以儉，故每餐必先進黃粱，張昱有詩以歌之。19

「國初海運自朱張，百萬樓船渡大洋。有訓不教忘險阻，御廚先飯進黃粱。」

夏則有冰，以解酒渴，而消酷暑，柯九思，薩天賜，袁桷有詩以詠之。20

「玉碗調冰雪花飛，金絲纏扇繡紅紗。綵箋御製題端午，敕送皇姑公主家。」

「院院翻經有吮僧，垂簾白晝點酥燈。上京六月涼如水，酒渴天廚更賜冰。」

「身如病鶴倦梳翎，往事猶存舊汗青。伏日賜冰來上苑，晚風傳竹度疏櫺。承恩裁詔心抽繭，落筆誅奸眼拔釘。惆悵當飲人物論，披衣危坐望晨星。」

二、酒

酒則初有葡萄酒、馬湩、蜜酒、米酒，按米酒，頗類歐洲之葡萄酒。後世又有白酒、翠濤飲、露囊飲，瓊華汁、玉團春、石涼春、葡萄春、鳳子腦、薔薇露、綠膏漿，以及玄霜酒、醁醽酒，醽綠酒等。懷來之玉液泉，察罕諾爾之沙井，泉水甘潔，故皆置官務，酒以供尚用。至於原料，除葡萄酒、馬湩、蜜酒外，似多用黑黍與糯米釀成，張翥有詩以歌之。21

「野散千軍帳，雲橫萬里川。寒多雨是雪，日近海為天。黑黍供甘釀，黃羊飽割鮮。廣文但少客，寧慮坐無氈。」

宮中酒類雖繁，然宴饗則多用葡萄酒與馬湩。葡萄酒，周權、薩天錫、朱櫄有詩以吟之。22

「翠虬夭矯飛不去，頷下明珠脫寒露。纍纍千斛晝夜春，列甕滿浸秋泉紅。數宵釀月清光轉，穠腴芳髓蒸霞煖。酒成快瀉宮壺香，春風吹凍玻璃光。甘逾瑞露濃欺乳，麴生風味難通譜。縱教典卻鸘鷞裘，不將一斗博涼州。」

「白晝簫韶起半空，水晶行殿玉屏風。諸王舞蹈千官賀，高奉葡萄壽兩宮。」

「棕殿巍巍西內中，御筵簫鼓奏薰風，諸王駙馬咸稱壽，滿酌葡萄吹玉鐘。」

馬湩、侯克中、張昱、楊允孚有詩以言之。23

「馬湩甘寒久得名，飲餘香繞牙齒生。草青絕漠供春祭，燈暗穹廬破宿酲。冷貯草囊和雪杵，光凝銀榼帶酥傾。漢家屢有和親好，恨不當時賜長卿。」

「挏官馬湩盛渾脫，騎士題封抱送來。傳與內廚供上用，有時直到御前開。」

「內宴重開馬湩澆，嚴程有旨出丹霄。羽林衛士桓桓集，太僕龍車款款調。」

又號麆沆，奄蔡語，乃馬乳所釀，挏製而成，耶律鑄有詩以讚之。24

「麆沆，馬酮也。漢有挏馬，注曰：以韋革為夾兜盛馬乳，挏治之，味酢可飲，因以為官。又禮樂志：大官挏馬酒，注曰：以馬乳為酒，言挏之味酢則不然，愈挏治則味愈甘，挏之萬杵，香味醇濃甘美謂之麆沆。麆沆，奄蔡語也，國朝因之：玉汁溫醇體自然，宛如靈液漱甘泉。要知天乳流膏露，天也分甘與酒仙。」

故又稱馬酒，許有壬、薩天錫、馬祖常有詩以詠之。25

「味似融甘露，香凝疑釀醴。新醅撞重白，絕品挹清玄。驥子飢無乳，將軍醉臥氈。挏官聞漢史，鯨吸有今年。」

「祭天馬酒洒平野，沙際風來草亦香。白馬如雲向西北，紫駝銀甕賜諸王。」

「羅襦垂垂扇奩歇，守宮持紅不數蝎。挏官馬酒銀流澌，內饔餅啖酥凝雪……。」

亦稱湩酒，張昱有詩以證之。[26]

「儒臣奉詔修三史，丞相銜兼領總裁。學士院官傳賜宴，黃羊湩酒滿車來。」

或號挏酒，張昱亦有詩以誌之。[27]

「祖宗詐馬宴灤都，挏酒哼哼載憨車。向晚大安高閣上，紅竿雉帚掃珍珠。」

「漭然路失龍沙西，挏酒中人軟似泥。馬上毳衣歌刺刺，往還都是射鵰兒。」

因取白馬乳釀成，故又名白馬酒，周伯琦有詩以羨之。[28]

「頗黎瓶中白馬酒，酌以碧玉蓮花杯。帝觴餘瀝得沾丐，洪禧殿上因褰回。」

復因其色青，故又稱青馬湩、黑湩，亦稱黑馬奶，即黑孀，朱橚、許有壬有詩以詠之。[29]

「雨順風調四海寧，丹墀天樂奏優伶。季季正旦將朝會，內殿先觀玉液青。」

「馬駝如蟻散千岡，帳室風來日草香。瓈盞泛酥皆黑湩，瘿盤分炙是黃羊。」

又稱忽迷思、馬奶子、馬孀子。耶律楚材又稱之爲馬乳，且有詩以美之。[30]

「天馬西來釀玉漿，革囊傾處酒微香。長沙莫吝西江水，文舉體空北海觴。淺白痛思瓊液冷，微甘酷愛蔗漿涼。茂陵要洒塵心渴，願得朝朝賜我嘗。」

三、其他

關於調味品，初僅有野韭花與鹽而已。野韭花，許有壬謂之味兼薑桂，有詩以彰之。31

「西風吹野韭，花發滿沙陀。氣校葷蔬媚，功於肉食多。濃香跨薑桂，餘味及瓜荷。我欲收其實，歸山種洞阿。」

鹽則有水晶鹽、井鹽，又稱斗鹽，貢師泰、迺賢有詩以吟之。32

「簫韶九奏南風起，沙燕高低撲繡簾。醽綠酒多杯迭進，鷓鴣香少火重添。舊分宮錦緣衣襵，新賜奩珠簇帽簷。日午大官供異味，金盤更換水晶鹽。」

「繡綺新裁雲氣帳，玉鈞齊上水晶簾。鳳笙屢聽伶官奏，馬湩頻煩太僕添。風動香煙飄閶殿，日扶花影上雕檐。金盤禁臠纔供膳，階下傳呼索井鹽。」

後又有五色鹽，薈霜鹽。油則有蘇合油，片腦油，朒臍油，猛火油。醬則蟻子醬，鶴頂醬，提蘇醬。醋則有杏花酸，脆棗酸，潤腸酸，苦蘇漿。33

宮中飲茶，揭奚斯、張昱、朱櫄有詩以陳之，當為常湖、武夷所貢。34

「奎章分署隔窗紗，不斷香風別殿花。留守日頒中賜果，宣徽月送上供茶。諸生講罷仍番直，學士吟成每自誇。五載光陰如過容，九凝無處望重華。」

「龍虎山中有道家，上清劍履絢晴霞。依時進謁棕毛殿，坐賜金瓶數十茶。」

又有納石茶、瓊芽茶，久目茶、以及金字茶、范殿帥茶。楊允孚、黃溍、朱櫄有詩以述之。[35]

「紫菊花開香滿衣，地椒出處乳羊肥。氈房納石茶添火，有女褰裳拾糞歸。」註：「納石，韃靼茶」

「灤陽邢君，隱於醫，製芍藥芽代茗飲，號曰瓊芽，先朝嘗以進御云：芳苗簇簇遍山阿，玉蕾珠芽未足多。千載茶經有遺恨，吳儂元不過灤河。」按邢君名遵道。

「自供東苑久目茶，覽鏡俄驚歲月加。縱使深宮春似海，也教雲鬢點霜華。」

復有瓜果，周伯琦、吳當、貢師泰有詩以述之。[36]

「冰盤堆果進流霞，中秘繙餘夕景斜。畫舫徑從園殿過，鳳麟州上數荷花。」

「果熟冰盤進御黃，秘殿揮毫對日長。元臣補袞應無闕，新賜宮衣自上方。」

「椎髻使來交趾國，橐駝車宿李陵台。遙聞徹夜鈴聲過，知進六宮瓜果迴。」

或採自皇家果園，或來自入貢，種類當繁。王沂、薩都剌、貢師泰，有詩以誌之。[37]

「離宮金碧鬱岧嶢，祇隔灤河一水邊。知是上林來進果，鈴聲隱隱轉山腰。」

「椎髻使來交趾國，橐駝車宿李陵台。遙看徹夜鈴聲過，知進六宮瓜果回。」

「綠髮參軍門不出，黃巖老叟肯相過。九重至食常年進，千里金柑細馬馱。綠水青山南郡遠，毳袍貂帽北風多。同年若問儂消息，為說愁來無奈何。」

然見於元詩者，除前陳之金柑外，僅桃、櫻桃計三種。迺賢、朱橚、張昱有詩以歌之。38

「上苑含桃熟暮春，金盤滿貯進楓宸。醍醐漬透冰漿滑，分賜堦前儤直人。」

「櫻桃紅熟覆黃巾，分賜三宮遣內臣。拜跪酬恩歸院後，金盤酪粉試嘗新。」

「萵苣顏色熟櫻桃，樹裡青青草不媷。生怕百禽先啄破，護花鈴索勝琅璈。」

亦有蜜漬，朱橚有詩以言之。39

「蜜漬金桃始獻新，禁城三伏絕囂塵。炎蒸微至清寧殿，玉杵敲冰賜近臣。」

宮中嬪妃宴飲，皆有名稱。碧桃盛開，舉杯相賞，曰愛嬌宴。紅梅初發，推尊對酌，曰澆紅宴。海棠謂之暖妝，瑞香謂之撥寒，牡丹謂之惜春。落花之飲，名之戀春。摧花之設，名爲奪秀。上巳修禊，謂之爽心宴。七七乞巧，謂之鬥巧宴。臨幸宮女，謂之開顏宴。其繪樓縵閣，清暑回陽，佩蘭採蓮，則隨其所事而名之。40

註釋

1 《黑韃事略》〈箋證〉六、九頁，《元史》卷六十七〈禮樂志・正旦受朝儀〉，《長春眞人西遊記註》卷上十八、十九頁，《多桑蒙古史》三十二頁，《金台集》卷二〈塞上曲〉，《湛然居士集》卷十〈扈從冬狩〉，〈扈從羽獵〉、〈狼山宥獵〉，《可閑老人集》卷二〈輦下曲〉第七十七首，《灤京雜詠》第六十五首，《馬哥波羅紀行》一〇九、一一三頁。

2 《雙溪醉隱集》卷六〈行帳八珍詩、醍醐〉、《近光集》卷一〈是年五月扈從上京，宮學紀事絕句二十首〉、《金台集》卷一〈宮詞八首次偰公遠正字韻〉。《涅槃經》云：「譬如從牛出奶，從奶出酪，從酪出生酥，從生酥出熟酥，從熟酥出醍醐，醍瑚最上。」

3 《雙溪醉隱集》卷六〈行帳八珍詩、駝蹄羹、駝鹿唇〉

4 《可閑老人集》卷二〈輦下曲〉第九十三首，《清容居士集》卷十六〈天鵝曲〉，《元詩紀事》卷十七〈柯九思宮詩十五首〉第十四首。《本草綱目》卷四十七〈禽之一・鴇〉，《飲膳正要》卷三〈禽品・天鵝〉。

5 《雙溪醉隱集》卷六〈行帳八珍詩〉序，《湛淵集》〈續演雅十詩〉，《灤京雜詠》第四十九首，《至正集》卷十八〈和謝敬德學士入關至上都雜詩十二首〉。

6 《灤京雜詠》第四十七首，《學言稿》卷六〈竹枝詞和歌韻・自扈蹕上都自沙嶺至灤京所作〉，《本草綱目》卷五十上〈獸之一・黃羊〉。

7 《至正集》卷十八〈黃鼠〉，《柳待制集》卷五〈還次桓州〉，《灤京雜詠》第七十八首。《本草綱目》卷五十一下〈獸之二・黃鼠〉。

8 《玩齋集》卷五〈和胡士恭灤陽納缽即事韻五首〉，《可閑老人集》卷二〈輦下曲〉第五十三首，《金台集》卷二〈塞上曲〉。

9 《清容居士集》卷十五〈上京雜詠〉、〈裝馬曲〉，《純白齋類稿》卷十一〈和袁伯長韻送繼學伯庸赴上都四首〉。

10 《湛然居士集》卷一〈鹿尾〉，《飲膳正要》卷第三〈魚品〉：「阿八兒忽魚，其魚大者有一二丈長，一名鱘魚、鱣魚，生遼陽東北海河中。」阿八都與阿八兒忽爲對音。

11 《元氏掖庭侈政》第二、五、十二頁。

12 《至正集》卷十三〈沙菌〉，《柳待制集》卷六〈後灤水秋風詞〉，《灤京雜詠》第七十五首。

13 《歷代宮詞》卷二〈明周王一百首〉第五十首，《灤京雜詠》第四首，《本草綱目》卷五十下〈獸之二·乳餅〉。

14 《可閑老人集》卷二〈輦下曲〉第三十八首，《元史》卷八十七〈百官志、宣徽院，尙舍寺〉。

15 《灤京雜詠》第四十九首，《可閑老人集》卷二〈輦下曲〉第四十九首，《歷代宮詞》卷二〈明周王一百首〉第五十九首。

16 《至正集》卷十三〈秋羊〉。

17 《近光集》卷一〈詐馬宴有序〉。

18 《灤京雜詠》第七十一首，《元氏掖庭侈政》五、六頁、《元明事類鈔》卷三十二〈蔬穀門、米、圓米〉，《元史》卷八十七〈百官志·宣徽院·大都大倉·大都源醴倉、上都醴源倉〉，《輟耕錄》卷五〈尙食麵磨〉。

19 《可閑老人集》卷二〈輦下曲〉第二十三首。

20 《元詩紀事》卷十七〈柯九思宮詩十五首〉，《薩天賜詩集》前集〈上京即事〉，《清容居士集》卷十二〈伯庸開平書事次韻七首〉。

21 《多桑蒙古史》二七六頁，《歷代宮詞》卷二〈明周王百首〉第六十七首，《元氏掖庭侈政》四、十頁，《玩齋集》卷四〈上都咱瑪大燕〉，《秋澗先生大全集》卷八十〈中堂記事卜〉，《扈從集》〈前序〉，《元史》卷八十七〈百官志・宣徽院・大都醴源倉〉，《蛻菴集》卷二〈送鄭喧伯赴赤那思山大斡耳朵儒學教授四首〉。

22 《此山詩集》卷四〈葡萄酒〉，《薩天賜詩集》前集〈上京即事〉，《歷代宮詞》卷二〈明周王一百首〉第三首。

23 《艮齋詩集》卷七〈馬乳〉，《可閑老人集》卷二〈輦下曲〉第六十九首，《灤京雜詠》第六十一首。

24 《雙溪醉隱集》卷六〈行帳八珍詩・麆沆〉。

25 《至正集》卷十三〈馬酒〉，《薩天賜詩集》前集〈上京即事〉，《石田文集》卷五〈次韻端午行〉。

26 《可閑老人集》卷二〈輦下曲〉第四十六首。

27 《可閑老人集》卷二〈輦下曲〉第三十二首，卷二〈塞上謠〉。

28 《近光集》卷一〈是年五月扈從上京，宮學紀事絕句二十首〉第十首。

29 《歷代宮詞》卷二〈明周王一百首〉第四首，《至正集》卷二十四〈李陵台謁左大夫二首〉，《元史》卷一百〈兵志三・馬政〉，《黑韃事略》〈箋證〉二十一頁。

30 《多桑蒙古史》三十二頁，《灤京雜詠》六十二首註，《湛然居士集》卷四〈寄賈博霄乞馬乳〉。

31 《至正集》卷十三〈韭花〉。

32 《玩齋集》卷四〈上都咱瑪大燕〉，《金台集》卷二〈錫喇鄂爾多觀詐馬宴奉貢泰甫授經先生韻〉，《黑韃事略》〈箋證〉七頁。
33 《元氏掖庭侈政》四頁。
34 《文安集》卷三〈憶昨四首〉，《可閑老人集》卷二〈輦下曲〉第六十八首，《歷代宮詞》卷二〈明周王一百首〉第十四首，《元史》卷八十七〈百官志．宣徽院，常湖等處茶園都提舉司，建寧北武夷茶場提舉所〉。
35 《灤京雜詠》第十三首，《金華黃先生文集》卷二「灤陽邢君，隱於醫，製芍藥葯芽代茗茶，號曰瓊芽，先朝嘗以進御云」，《伊濱集》卷十一〈芍藥茶〉第三首註，《歷代宮詞》卷二〈明周王一百首〉第三十七首，《飲膳正要》卷二〈諸般煎湯、茶〉。
36 《近光集》卷三〈夏日閣中入直五首〉，《學言稿》卷六〈竹枝詞和歌韻．自扈蹕上都，自沙嶺至灤京所作〉，《玩齋集》卷五〈灤河曲二首〉。
37 《伊濱集》卷十二〈上京〉，《雁門集》卷二〈送友人進柑入京〉，《玩齋集》卷五〈灤河曲二首〉。
38 《金台集》卷一〈宮詞八首次偰公遠正字韻〉，《可閑老人集》卷二〈宮中詞〉，《歷代宮詞》卷二〈明周王一百首〉第九十五首。
39 《歷代宮詞》卷二〈明周王一百首〉第二十首。
40 《元氏掖庭侈政》三、四、七頁。

（原載民國七十九年十二月《中國邊政》第一一二期）

十三世紀蒙古馬之訓練及其對蒙古帝國之貢獻

十三世紀蒙古大軍遠征歐亞，所向披靡，頗得力於騎兵作戰。蓋蒙古盛產良馬，尤善於訓練。

《多桑蒙古史》：「其家畜為駱駝、牛、山羊，尤多馬。」

《岷峨山人譯語》：「胡馬曰母麟，種類皆殊，毛骨自異，所謂飛兔、騕褭、絕足狂奔者，多產於彼，不數大宛也。蓋以孳息及時，牧放得所，騰踏適性。而蒙人又善調，故耐辛苦，易銜勒，能馳驟也。」

初生之駒，即誘之登山，以為選拔之法。

《國朝紀錄彙編》〈葉盛水東日記〉：「達達試馬，凡駒生百餘日後，以騍馬置山巔，群駒見母，喜躍而上，一氣及山巔者上之，息而後能至者次之，再息而後至者，又次矣。」

及其長也，即騸之。故體壯而溫順，耐苦而不嘶鳴。

《黑韃事略》：「其馬牧無芻粟，六月饜青草始肥。壯者四齒則騸，故闊壯而有力，柔順而無性，能耐風寒而久歲月。不騸則反是，且易嘶駭，不可設伏。」

又云：「其牝馬，留十分壯好者，作移剌馬種（按：種馬），外餘者，多騸了，所以，無不強壯也。」

雖千百成群，亦寂無嘶聲。

《金史》〈移剌蒲阿傳〉：「兩省及諸將議，四日不見軍（按：拖雷迂迴唐鄧之部隊），又不見營，鄧州津送及路人不絕，而亦無見者，豈南渡而歸乎？己卯邏騎乃知北軍，在光化對岸棗林中，晝作食，夜不下馬，望林中往來，不五六十步，而不聞音響。」

《蒙韃備錄》：「其馬……千百成群，寂無嘶鳴。」

更苦騎而教之，故下馬不用控繫，亦不走逸。

《蒙韃備錄》：「其馬初生一二年，即於草地，苦騎而教之，卻養三年，而後再乘騎，故教其初，是以不蹄齧也……。下馬不用控繫，亦不走逸。」

其訓練之法，以膝撐柱，令其左右。以身俯仰，令其前後。耳目震駭，使之不驚。策之險阻，使之不懼。

《岷峨山人譯語》：「制馬性，則以膝撐柱，令其左右。以身俯仰，令其進止。耳目驚駭，則喝吒使之戢。險阻辟易，則鞭策使之前，不馴不已也。」

故左旋右折，能與意合。

《蒙古與俄羅斯》：「馬受訓練，往回疾馳，唯意所欲，雖犬亦不如其速捷。」

平日，則恣其水草，待秋高，乃「空馬」去膘。及膘落而壯，故能騎數百里而無汗。

《黑韃事略》：「凡出戰好馬，並恣其水草，不令騎動。直至西風將至，則取而控之，繫於帳房左右，啖以些少水草，經月後，膘落而實，騎之數百里，自然無汗，故可以耐遠而出戰。」

《岷峨山人譯語》：「虜馬逮秋而肥，以齧草實也。將入寇，則繫於他所，絕不餧飼，謂之空馬。以肥則脂膜厚，而不善馳，故少損其膘，然傷胃，中須少留草滓乃可，否則即死。」

又欲其腰細，復於汗後，驅之入水，以便騁馳。

《岷峨山人譯語》：「虜欲馬腹纖細，走令汗出，乃驅入冷水內，馬畏寒而氣縮，久則然。」又云：「辨胡馬，蹄堅而薄踠毛長者，乍入塞，不食穀草及菽者，腹纖細者，蹄缺以皮綴木片於上者，並是。」

所以，其馳也，來如迅風疾雷，去則飄忽千里。

《黑韃事略》：「敵分立分，敵合立合。故其馳突也，或遠或近，或多或少，或聚或散，或出或沒，來如天墜，去如雷逝……，自邇而遠，俄頃千里。」又謂：「疾如飈至，勁如山壓。」

《岷峨山人譯語》：「番眾之來，常至數萬，馬復倍之，如雲合電發，飈騰波流，馳突所至，日月為之奪明，兵陵為之搖震。」

更騎必正馱，人有從馬數匹，故更番輪乘，馬力不疲。

《蒙韃備錄》：「凡出師，人有數馬，日輪一騎乘之，故馬不困弊。」

《岷峨山人譯語》：「又乘必正馱，謂之正馬，馱馬，更番以節其力。」

復緩急相間，用惜其力。

《岷峨山人譯語》：「行必緩急相續，以定其氣，雖危急中，必循此法，故擅用騎之長，而得野戰之助。」

《多桑蒙古史》：「每人各有馬數匹，迨見敵疲弊之時，則易健馬馳還擊之。」

至其食也，則入夜方牧。

《蒙韃備錄》：「性甚良善，日間未嘗芻秣，惟至夜方始放牧之。隨其草之青枯，野牧之。至曉，搭鞍乘騎，並未始與豆粟之類。」

《黑韃事略》：「以序而營，營又貴分，務令疎曠，以便芻秣。」

行勿令食。

《黑韃事略》：「尋常正行路時，並不許其吃草。蓋辛苦中吃水草，不成膘而生病，此養馬之良法。」

馳勿令飽。

《黑韃事略》：「凡馳驟勿飽」

必待氣息調平，四蹄冰冷，方令恣食。

《黑韃事略》：「凡解鞍，必索之而仰其首，待其氣調平息，四蹄冰冷，然後縱其水草。」

加以自然環境之陶冶——天氣酷寒，草青五月不足。

《黑韃事略》：「其氣候寒洌，無四時八節，四月八月常雪，風色微變。近而居庸關北，如宮山、金蓮川、等處，雖六月亦雪。」又云：「其產野草，四月始青，六月始茂，至八月又枯。」

《多桑蒙古史》：「韃靼地域，處地甚高，故其氣候，較之歐洲同一緯度之氣候為嚴洌……，攝氏零下二十五度之寒度，不少見也。」

故極其耐寒。

《多桑蒙古史》：「其馬體小，外觀雖不美，然便於騁馳，能耐勞，不畏氣候之不適。」

復亦耐飢。雖冰天雪地中，輒能以足刨雪出草而食。

《蒙古與俄羅斯》：「蒙古馬非僅善於耐寒，且更能於積雪不太厚時，用足刨雪而食。」

《多桑蒙古史》：「家畜能用蹄掘雪求食。」

即枯枝落葉，亦足以充飢，無須草料之補給。

《蒙古與俄羅斯》：「蒙古馬……能以路上所遇到之堅草硬葉充飢。」

《馬哥孛羅遊記》：「在全期內，只用他們所能找到的草，來餵他們，他們用不著自己帶大麥或草隨行。」

所以，蒙古之戰馬，實爲蒙古大軍所以能成爲一枝古代最精良機械化部隊之造因。而其速度，則更爲古今中外，決勝疆場之樞契。

古兵家格言：「勝敵之兵，其用戰也，如迅雷，如閃電，如決水，如疾風，使敵不及知，不及謀，不及備，不及戰，而敗於無可為，斯上兵也。」

蔡松坡謂：「自古至今，所有名將用兵，無不以神速為主，成吉思汗與拿破倫，東西兩大震撼天地之人物，其制勝之竅要，祇有一速字訣。」

古德林曰：「戰史中任何戰爭，大速力大機動性，對於攻守雙方，都具有顛撲不破之制勝真價。」

蓋勝則啣尾追殺，不容逋逃。

《黑韃事略》：「勝則尾敵襲殺，不容逋逸。」

《蒙古與俄羅斯》：「雖贏得決定性的勝利，蒙人並不認為業經完成目的，在成吉思汗作戰原則上，仍須追擊其殘存力量，澈底殲滅。」

可澈底殲滅敵人，使之無再戰之力。

斯圖亞特謂：「攻擊成功後，最要能予敵人以猛烈而神速之追擊，並分兵截斷其退路，此時切不可愛惜士馬之疲勞與辛苦。」

李奇威曰：「擊破敵人，不能即謂之戰爭勝利，唯有澈底殲滅敵人，使不能復抗，方得謂為戰爭之勝利。故殲滅價值，恒高於擊破價值或佔領價值。」

如迦勒迦河之役。

多桑引阿里額梯兒書：「六二〇年，韃靼人既取欽察之地，進兵斡羅斯境……，斡羅斯人……不待其入境時擊之，韃靼人不戰退走。斡羅斯人以為敵人不敢戰，躡蹤往追，逾十二日程之遠。韃靼人忽回師，乘追者之不意，襲擊斡羅斯、欽察之聯軍，互戰數日，戰甚烈，韃靼人終勝敵。欽察、斡羅斯之軍大敗，潰走時，多被屠殺……，其得脫者為數甚少……，韃靼人躡其後，沿途殺掠焚毀。」

敗則四散奔走，追之不及。

《黑韃事略》：「其敗，則四散迸走，追之不及。」又謂：「去如電逝，謂之鴉兵撒星陣。」

能確保己方實力，俾待機反攻。

克勞塞維茲謂：「保存我之兵力，殲滅敵之兵力，是統帥第一任務。」又曰：「完全的勝利，必須將敵人的力量殲滅，使之不能復仇，方能確保。」

如朮赤與摩訶末之戰。

《多桑蒙古史》：「算端乃躡蒙古軍去路，越日及之，方欲進擊，蒙古主帥（按：朮赤）遣使來言：兩國未處交戰中……。時摩訶末自恃兵多，乃答蒙古主帥曰：成吉思汗雖命汝勿擊我，然上帝命我擊汝……。戰至暮方息，入夜，蒙古軍燃火甚夥，旋疾馳而去，比曉，距戰地已二日程矣。」

至奇襲乘虛，固賴速度以成之。

克勞塞維茲謂：「奇襲，係以神速與秘密，為其主要之特性。」

古兵家格言稱：「善用兵者，見敵之虛，乘而勿假，追而勿捨，迫而勿去。」

如者別之克東京，即以奇襲出之。

《新元史》〈本傳〉：「者別攻東京不拔，夜引去，時已歲除，金人謂大軍已退，不設備，逾數日，者別倍道疾趨，突入其城。」《元史譯文證補》則謂：「退五百里，留其輜重，選精騎晝夜疾馳，突至城下克之。」

至於迂迴敵後，粉碎其廟堂之算。則尤爲兵家之所推崇。

隆美爾謂：「任何一個優良的陣地，若受到迂迴，實際上也就變得毫無價值是也。」

如費汗那之役，亦無不奠基於此。

《蒙古史略》：「成吉思汗西征花剌之役，可以表現蒙古戰略之佳，花剌子模人以為他們從北方進攻，乃將軍隊佈置在錫耳河一帶。孰知者別統率的一枝兵，事先從噶什噶爾，取道費汗那，繞出錫耳河戰線之後，花剌子模人慌了，乃將軍隊調向費汗那。等待錫耳河戰線空虛之時，蒙古大軍，遂出現於錫耳河上。」

所以，蒙古帝國之能有如此震鑠百代之武功，其馬之貢獻，功實厥偉。中原自古恒受制於北疆草原宗族者，亦蓋因於此。

兼以蒙人之產，唯畜群而已。故其食也，肉而不粒。以羊爲主，牛馬次之。非大宴會，不刑馬。

《黑韃事略》：「其肉食而不粒。獵得者，曰兔、曰鹿……曰河源之魚。」又謂：「牧而庖者，以羊為常，牛次之，非大宴，不刑馬。」

或爲新宰，或爲肉脯。

《多桑蒙古史》：「嗜食馬肉，其儲藏肉類，切之為細條，或在空氣中曝之，或用煙熏之使乾。」

用火燎之，即可進食。

《黑韃事略》：「火燎者十九，鼎烹者十二三。」

無則分行射獵，一切禽獸之肉不忌。

《元朝祕史》：「孛端察兒因無吃的上頭，見山崖邊狼圍住的野獸，射殺了，或狼吃殘的，拾著吃。」

《蒙古與俄羅斯》：「凡肉皆食，馬犬鼠田鼠之肉皆所不棄，蓋其平原有鼠甚眾也。」

《黑韃事略》：「凡打獵時，常食所獵之物，則少殺羊。」

《馬哥孛羅遊記》：「總而言之，各種的肉都要吃。」

復飲馬之奶。

《蒙韃備錄》：「韃人……飲馬乳，以塞飢渴。凡一牝馬之乳，可飽三人，出入只飲馬乳，或宰羊為糧。」

《馬哥孛羅遊記》：「他們時常能整個月不吃別的東西，只吃馬奶和自己所能捕得之野味。」

並製爲乳酪。

《蒙古與俄羅斯》：「彼等亦有乾乳如餅，攜之與俱，欲食時，則置於水中，溶而飲之。」

《馬哥孛羅遊記》：「他們也有乾牛奶……，先把牛奶煮開，再把上面浮聚的油脂拿出……放在太陽地上晒乾收起來。出去打仗時候，每人攜乾奶十磅左右。」

或釀成馬湩。

《多桑蒙古史》：「嗜飲馬乳所釀之湩。」按：馬湩，亦曰馬奶子酒，又曰忽迷思，用馬乳釀成。請參閱〈十三世紀蒙人之飲酒之習俗儀禮及其有關問題〉。

攜帶既便，故極利作戰。

《蒙古與俄羅斯》：「每一蒙古戰士，均攜有乾肉，及乾燥乳食，一皮袋水，或酸馬乳。」

更於戰時，攜以大量之畜群。

《多桑蒙古史》：「用兵時，隨帶一部份家畜，供其食糧。」

當因糧不足，或無糧可因時。則吃其肉，飲其乳。皮製甲冑，骨成箭鏃。

《多桑蒙古史》：「衣此類家畜之皮草，用其毛與尾，製成氈與繩。用其筋作線與弓弦，用其骨作箭鏃，其乾糞，則為沙漠地方所用之燃料……。」

輕騎急進時，更可放馬之血以爲食。

《蒙古與俄羅斯》：「設須急行，則急馳十日，不攜糧，不舉火，而吸馬血。破馬脈，以口吸之，及飽，則裹其創。」

《馬哥孛羅遊記》：「他們能騎在馬身上，十天不吃，不舉火，只喝馬血。每個人把他所騎的馬，血管放開，吮牠的血。」

故雖屯十萬之師，而無煙火。

《蒙韃備錄》：「彼國中有一馬者，必有六七羊……。如出征於中國，食羊盡，則射兔鹿野豕為食。故屯數十萬之師，不舉煙火。」

《黑韃事略》：「韃人糧食，故只是羊馬，隨行不用運餉。」

轉戰萬里，亦無需補給。

兵法曰：千里饋糧，則民貧國困。

《兵學大系》〈孫子〉：「國之貧於師者遠輸，遠輸則百姓貧。」又謂：「千里饋糧，內外之費，賓客之用，膠漆之材，車甲之奉，日費千金，然後十萬之師舉矣。」

而越境遠輸，道阻且長，則尤爲兵家大忌。蓋設或受阻，餉不時至，必致一軍敗亡也。

《兵學大系》〈孫子〉：「軍無輜重則亡，無糧食則亡，無委積則亡。」古今中外，因補給之不繼，而致敗亡者，實史不絕書，比比皆是。《金史》〈移剌蒲阿傳〉：「須臾雪大作，白霧蔽空，人不相覿。時雪已三日，戰地多麻田，往往耕四五過，人馬所踐，泥淖沒脛。軍士披甲胄僵立雪中，槍槊凍結如椎，軍士有不食至三日者。」故「金師遂潰，聲如崩山」《元史》〈睿宗傳〉：蒙軍「追奔數十里，流血被道，資杖委積，金之精銳，盡於此矣。」所以，蒙人以馬爲補給，亦其橫掃歐亞之最大造因。

總之，馬是草原社會中最有價值之畜群。蓋沒有馬，其草原經濟——畜牧，固無法經營，即圍獵、交通、戰爭，亦無法進行。更何況馬之乳可飲，馬之肉可食，而其毛、其皮及骨，無不有其利用之價值。故謂馬爲草原社會一切之基礎，或不爲過也。而諸葛孔明論騎步之勢，所謂「漢長於步，日馳百里。虜長於騎，日乃倍之。漢逐虜，則齎糧負甲而隨之。虜逐漢，則驅疾騎而運之。運負之勢已殊，走趨之形不等，此其不可戰者二也。漢戰多步，虜戰多騎，將奪地形之勢，則騎疾於步，遲疾之勢之懸，此其不可戰者三也。」尤足概見「馬」在戰爭中，所形成之優勢情形，以及十三世紀蒙古帝國，所以突起之因。

（原載民國五十七年十月《中國邊政》二十三期）

從《元朝秘史》論成吉思汗與十三世紀蒙人之道德觀念

一、前　言

元太祖成吉思汗，為千古英豪，在蒙古宗族心目之中，尤為不朽之神明。故其一生之作為，不僅在當時，成為蒙古帝國之法律。即在日後，亦融入其生活習俗之中。所以，從《元朝秘史》論成吉思汗之道德觀念，亦可概見十三世紀蒙古宗族之道德標準及倫常觀念。

二、孝于親

蒙古宗族，爲慎終追遠，自古即有祭祖之儀。

「孛端察兒的兒子合必赤和沼兀列歹」：「孛端察兒又自取了個妻，生了個兒子，名把林失亦剌禿合必赤。那合必赤的母，從嫁來的婦人，孛端察兒做了妾，生了個兒子，名沼兀列歹。孛端察兒在時，將他做兒，祭祀時，同祭祀有來。」

「祭祖時訶額侖後到」：「那年春間，俺巴孩皇帝的兩個夫人，斡兒伯，莎合台祭祀祖宗時，訶額侖去得落後了，祭祀的茶飯，不曾與。訶額侖對說：也速該死了，我的兒子怕長不大麼道？大的每的胙肉分子，為甚不與？」

亦事親至孝。成吉思汗嘗因闊闊出之預言，擬誅乃弟合撒兒。其母聞警，馳入宮帳，當眾切責之。太祖不僅驚懼震恐，且謝罪而釋合撒兒。

「帖卜騰格理的讒言太祖的性急及見母後的愧懼」：「晃豁塔歹種的蒙力克有七子，第四子名闊闊出，為巫，喚做帖卜騰格理。其兄弟七人比惡，將太祖弟合撒兒打了……。帖卜騰格理來說：長生天的聖旨，神來告說：一次教帖木真管百姓，一次教合撒兒管百姓，若不將合撒兒去了，事未可知。太祖聽了這話，連夜就去拿合撒兒。有古出等，將這緣故，對太祖母親訶額侖說。訶額侖命用白駝駕車，連夜起行，日出時到合撒兒處，正見太祖將合撒兒衣袖拴住，去了冠帶，問的中間，見母親到，好生驚恐。母親怒下車，將合撒兒解了，與了冠帶，盛怒盤坐，出兩乳置膝上，問道：您見了麼？這是您吃的乳，合撒兒何罪，你自將骨肉殘毀。……。太祖見母親怒息了，卻說：怕也怕了，羞也羞了。說罷，遂退。」

逮淹有全蒙，大封功親，皇族之中，復使乃母獨受上賞。

「母與子弟的百姓的分配」：「太祖將百姓分與了母親，及弟諸子說：共立國的是母親，兒子中最長的是拙赤，諸弟中最小的是斡惕赤斤。母親并斡惕赤斤處，只與了一萬百姓……。兒子拙赤處與了九千，察阿歹處與了八千，斡歌歹處與了五千，拖雷處與了五千，弟合撒兒處與了四千，阿勒赤歹處與了二千，別勒古台處與一千五百。」

故對孝之實踐，誠無殊於中原。

三、忠于主

成吉思汗至重忠貞，對主奴關係之維持，尤持絕對態度。故凡棄主來歸，如闊闊出。擒主獻降，如札木合之從眾五人，無不痛加殺戮。

「馬夫闊闊出棄桑昆馬夫婦的忠言和太祖誅殺棄主的馬夫」：「桑昆與伴當闊闊出并其妻，一同尋水吃。因見野馬被蠅蟲咬著，桑昆下馬，將馬教闊闊出拏了，潛往欲射中間，被闊闊出牽馬走了。其妻說：在前，好衣服，好茶飯，曾與你吃穿，如今正主上，如何那般棄了！就立住不行。闊闊出說：你不行，莫不要嫁桑昆？其妻說：人雖說婦人是狗面皮，你可將這金盃子與他，教尋水吃。闊闊出遂將金盃子撇下了，與妻同來太祖處，將棄了桑昆的緣故都說了。太祖說：這等人如何教他做伴？遂將他妻賞賜，將闊闊出殺了。」

「札木合為從士所虜成吉思垂憐舊友」：「乃蠻蔑兒乞的，被成吉思收捕之後，札木合在乃蠻處百姓，也被陷了。只有五個伴當，同做劫賊……。五個伴當，將他拏了，送與成吉思。札木合對成吉思說：黑老鴉會拏鴨子，奴婢能拏主人，皇帝安荅，必不差了。成吉思說：自己的正主，敢拿的人，如何留得，將這等人，并他子孫，盡典刑了。於是教當札木合面前殺了。」

而納牙阿，則因勸阻擒其故主以降，遂深受器重，大加激賞。

「納牙阿的明智成吉思嘉賞納牙阿」：「泰亦赤兀惕種的官人塔兒忽台乞鄰勒禿，因與成吉思有仇，避於林中，其家人失兒古額禿，并二子阿剌黑納牙阿，將塔兒忽台乞鄰勒禿，欲獻與成吉思……，載於車內……，至忽禿忽地面，其子納牙阿說：我每若將他，拏至帖木真處，必說我每拏了正主，難做伴當，必將咱每殺了，不如放回去，對帖木真說：我每本將塔兒忽台乞鄰勒禿拏來，因是正主，心內不忍的上頭，放回去了……。到成吉思處，備言其事。成吉思說：若你每將他拏來，我必殺了你每，卻放了他也好。所以，特賞納牙阿。」

後日大封功臣，除爲中軍萬戶，此乃肇因之一。

「不棄正主的納牙阿恩賞」：「成吉思再對納牙阿說：當初你父子每，將塔兒忽台乞里勒禿黑拏將時，你說自己的主人，如何棄捨著拏去，就那裏放了，來歸順我。為那般，我曾說：

這人省得大道理，久後一件事裏委付。如今孛斡兒出做了右手萬戶，木合黎國王做了左手萬戶，你做中軍萬戶者。」

合荅黑亦因在王罕潰敗之餘，爲使故主遠遁，力戰三日乃降。由是，成吉思汗壯之，許爲丈夫，並立加重償。

「者折額兒山溫都兒的戰爭和合荅黑的出力」：「日夜兼行……，將王罕圍了，廝殺了三晝夜，至第三日不能抵當，方才投降，不知王罕父子，從何處已走了出去了。這廝殺中，有合荅黑把禿兒名字的人說：我於正主，不忍教您拏去殺了，所以戰了三日，欲教他走得遠著。如今教我死呵便死，恩賜教活呵，出氣力者。太祖說：不肯棄他主人，教逃命走得遠著，獨與我廝殺，豈不是丈夫！可以做伴來。遂不殺，教他領一百人，與忽亦勒荅兒的妻子，永遠做奴婢使喚。」

故懲叛教忠，雖中原亦不過若斯焉！

四、崇廉

崇廉，爲成吉思汗一生之行爲標準，豈惟立法，部眾不得貪財。

「四部塔塔兒的征伐」：「其後狗兒年秋，成吉思於荅蘭捏木兒格思地面，與察阿安塔塔兒四種對陣。未戰之先，號令諸軍：若戰勝時，不許貪財，既是之後均分……。於是戰勝了塔塔兒。」

且懲貪獎廉，法亦隨之。盡奪阿勒壇等人，戰地所得財貨，固由乎違令貪財。

「阿勒壇違犯軍令」：「初戰時，有阿勒壇等，犯軍令搶財物。成吉思使者別，忽必來，盡奪了他所得的財物。」

賞忽禿忽之中都拒賄，懲汪古兒等之納獻，亦本乎此一原則。

「合荅留守中都失吉忽禿忽的廉潔」：「金主遷都時，命其臣合荅留守中都。成吉思命汪古兒等三人，往收其府庫，計其金帛數目。金臣合荅將金帛等物，來獻與汪古兒等。失吉忽禿忽說：昔者中都金帛，皆屬金主。如今中都金帛，已屬成吉思，如何敢擅取？遂卻其獻。獨汪克兒，阿兒孩，合撒兒受其獻。及事畢歸，成吉思問三人曾受獻否？失吉忽禿忽具陳前言。成吉思責讓汪克兒等，賞賜失吉忽禿忽說：汝可與我做耳目。」

即孛斡兒出，所以能成爲大汗最早之朋友，與最親信之幹部，初亦因其廉也。

「帖木真追趕劫馬賊孛斡兒出的廉潔」：「一日，帖木真的慘白騸馬八疋，在家被賊劫將去了……。帖木真……說：您都不能去，我去。就騎著那甘草黃馬，踏著那八個馬的掃道襲將去，行了三宿……，見一個爽利後生……，他將帖木真的馬放了，換與他一個黑脊白騎了……。對帖木真說：你來好生艱難……，我與你做伴一同趕去……，我的名喚作孛斡兒出……。一同跑著馬入去，將馬趕出來了……。帖木真對孛斡兒出說：不是你呵，我這馬如何得？咱兩人可以分，你要多少？孛斡兒出說：我見你辛苦著來，所以濟助做伴去，如何做外財般要你的！」

至於詔奪脫忽察兒軍職，且險遭殺戮。以及拒見拙赤兄弟三人，雖經群臣諫請，終不免痛責者，無不導因於貪財焉。

「者別等三人的派遣脫忽察兒違令」：「太祖出征回回……，命者別做頭哨，速別額台……，脫忽察兒……後援。令三人自回回住的城外繞去，不許動他百姓……。者別如命……，脫忽察兒經過，搶了百姓的田禾……。以者別、速別額台兩人有功，賞賜了。以脫忽察兒違令，欲廢了，後不曾，只重責罰，不許管軍。」

「木合里等的諫言太祖的訓誡」：「拙赤、察阿歹、斡歌歹三人，得了玉籠格赤城，將百姓分了，不曾留下太祖處的分子。及回，太祖三日不許三子入見。木合里等說：不服的回回百姓，已屈服了，分了的城池，及分要的兒子，皆是皇帝的……。兒子每既知不是，已怕了，在後教他謹慎，可以著他來見。太祖……教拙赤等來見，太祖依舊怪責，三子恐懼流汗。」

五、篤信

篤信，亦成吉思汗終生奉行之圭臬。凡其諾言，無不實踐，如豁兒赤之倡言瑞符，太祖嘗許之除爲萬戶，自選美女三十人爲妻。

「豁兒赤的倡言符命和他的慾望」：「豁兒赤來著說：我……因神明告的上頭，教我眼裏見了，有箇慘白乳牛，來札木合行繞著，將他房子車子觸著，折了一角……。又有箇無角犍牛，拽著箇大帳房下樁，順著帖木真的車路吼著來，說道：天地商量著，國土主人教帖木真做，我載著國送與他去。神明告于我，教眼裏見了。帖木真……你若做國的主人呵，怎生教我快活？帖木真說：我真箇做呵，教你做萬戶。豁兒赤說：我告與你許多道理，只與我箇萬戶呵，有甚麼快活……？再國土裏美好的女子，由我揀選三十箇為妻。」

後果如其言。

「豁兒赤的讖言」：「成吉思再對豁兒赤說：我年小時，你曾說先兆的言語……，那時你曾說，我先兆的言語若應呵，與我三十箇妻。今已應了，這降的百姓內，好婦人女子，從你揀三十個。再將三千巴阿里種，又添塔孩，阿失黑二人管的阿苔兒乞種等百姓，湊成一萬，你做萬戶管者。」

逮太祖與王罕，因議婚不協。

「婚姻談判的不協」：「成吉思欲與王罕，親厚上又敦厚，故索桑昆的妹察兀兒別乞，與子拙赤。卻將豁真名字的女兒，與桑昆子禿撒哈相換做親。桑昆自尊大著說：俺家的女子到他家呵，專一門後向北立地……。不曾許親，以此成吉思落後了。」

決戰於合剌合勒只惕。諸將以王罕勢盛，頗爲怯顧。獨忽亦勒荅兒，自請效死力戰，并乞善待其後。由是，軍心大振，遂破王罕。

「合剌合勒只惕的戰果和桑昆負傷」：「成吉思……說道：主兒扯歹伯父，我欲教你做先鋒，你意思如何？比及主兒扯歹回話，忽亦勒荅兒說：我做先鋒，久後將我孤兒抬舉……。成吉思既勝了王罕，見日已晚，收了軍，將傷了的忽亦勒荅兒回來……。打圍時，忽亦勒荅兒金瘡未曾痊可，成吉思止當不從，回趕野獸走馬，金瘡重發死了。」

故後日大封功臣，乃重賞其後人。

「忽亦勒荅兒遺族的賞賜」：「成吉思再說：忽亦勒荅兒安達，在前廝殺時，先開口要廝殺，有功的上頭，教他子孫受孤獨的賞賜者。」

復誡其部眾，不得無信。

「帖卜屍體的失蹤太祖責罵蒙力克」：「太祖……又說：若早間說的話，晚夕改了。晚間說的話，早晨改了。莫不被人言說呵羞恥，因在先說定，免你死有來罷。」

撒察別乞與泰出之被誅，即因其食言背信焉。

「推戴成吉思合罕盟誓」：「阿勒壇忽察兒，撒察別乞眾人，共商量著，對帖木真說：立你做皇帝。你若做皇帝呵，多敵行俺做頭哨……。如廝殺時，違了你的號令，并無事時，壞了你事呵，將我離了妻子家財，廢撇在無人地面裏者。這般盟誓了，立帖木真做皇帝。」「成吉思汗和王罕夾攻塔塔兒」：「太祖說：在前塔塔兒將我祖宗父親廢了的冤仇有麼道，如今趁著這機會可以夾攻他……。太祖又使人對主兒勤種的撒察別乞，泰出，將這報仇的意思說將去，要他來助，待了六日來，太祖遂……與王京夾攻塔塔兒。」「太祖聞主兒勤殺掠大怒捕殺撒察和泰出二人」：「太祖落後的小老營……，被主兒勤將五十人剝了衣服，十人殺了……。於是引著軍馬……，將主兒勤百姓虜了。獨撒察別乞，泰出二人罄身走……，被太祖拏住。太祖問：你在前與我說甚麼來？兩人說：俺自說的言語，不曾依，遂伸頸就戮，太祖於是殺了。」

六、重　義

孛斡兒出，富家子也。當太祖困危時，嘗助其追還失馬，復追隨左右。故大封功臣，太祖感其義，遂與木合里，分除左右萬戶。

「孛斡兒出的功」：「成吉思汗再對孛斡兒出說：我小時，有慘白色的騸馬八匹，被賊劫去，我襲著宿了三夜，與你相遇，你便與我作伴，一同襲去，又過了三三宿，將我馬奪回來。你父納忽伯顏有家財，只你一子，為甚麼教與我作伴，蓋因你有義氣……，我與塔塔兒……相抗著宿時，正遇著霖雨，你欲我歇息，披著氈衫，立在我上，不教雨漏，直至天明，腳只卻換了一次……。如今你的坐次，坐在眾人之上，九次犯罪休罰，這西邊直至金山，你做萬戶管者。」

及王罕流離失所，太祖以其爲乃父知交，且曾助其大潰蔑兒乞惕，迎還光獻皇后，報其奪妻之恨。

「札合敢不來降，罕和也速該安達的契交」：「初客列亦惕種王罕，與成吉思父也速該契交之故，因在先王罕將父忽兒察忽思不亦魯罕的諸子殺戮，被叔父古兒罕欲殺王罕，追至合剌溫山內，止有百人，至也速該處。也速該卻將古兒罕，趕入合申地面，將原有的百姓，還收集與王罕。」

「帖木真感謝王罕和札木合」：「王罕、札木合兩個根前，帖木真知感著說：王罕父親，札木合安答，因你兩個與我做伴，天地與我添氣力，男子的冤仇得報。所以將蔑兒乞惕百姓每殘毀了，妻子每擄掠了，咱如今回去。」

義當援手，故遣將迎致而周恤之。

「統格黎小河的駐營成吉思使二人往責王罕的背信」：「你弟額兒客合剌，於乃蠻處借得軍馬，又來征你，你走入乞塔種古兒罕的回回地面去了。不及一年，又反出。經過禿兀河西地面，窮乏了。擠著五個羊，刺著駝血吃，騎著個瞎沙馬來。因你與我父契交的上頭，我差人迎接你來我營內，又科斂著養濟你。」

其後，雖王罕攻蔑兒乞惕，所獲未嘗分贈太祖。

「統格黎小河的駐營成吉思使二人往責王罕背信」：「你後將蔑兒乞百姓擄了，頭口家業，盡都與了你。」

「王罕征伐蔑兒乞惕」：「只那狗兒年，成吉思去剿捕塔塔兒時，王罕自去剿捕蔑兒乞惕……，殺了他大兒子脫左思別乞，要了他兩個女兒，并他妻子，又擄了他二子并眾百姓每。王罕於成吉思行，任甚財物不曾與。」

相約共擊乃蠻之不亦魯黑，復又背信單獨撤退。

「成吉思和王罕同征乃蠻王罕變心成吉思歸去」：「成吉思與王罕，征乃蠻種的古出古敦不亦魯黑時……，因晚，就相抗著宿了。那夜王罕於自己立處虛燒著火，卻逆那合剌泄兀勒河去了……。成吉思……天明看時，王罕立處無人。成吉思說：他將我燒飯般撇了。」

然當王罕部眾爲可克薛兀撒卜剌黑所擄時，仍一本初衷，應其請求，而遣四傑援救之。凡此無不爲成吉思汗重義之明證。

「統格黎小河的駐營成吉思使二人往責王罕的背信」：「那可克薛兀撒卜剌黑，卻襲著你，將桑昆妻子百姓都擄了，又將你帖列格兀有的百姓擄了一半，你又求救於我。我使四傑將你桑昆的妻子百姓，都救與了你。」

七、尚　誠

初成吉思汗之寵妃忽蘭之于歸，適阻於兵，賴納牙阿以全之。然因在途數日，太祖深疑之。及臨幸，忽蘭猶處子也。由是，對納牙阿大加讚賞，許爲至誠君子，日後可以委以重任。

「篾兒乞的，討荅亦兒兀孫獻女和納牙的忠謹」：「荅亦兒兀孫將他忽蘭名字的女子，獻與成吉思。來時，路間被亂兵所阻當。遇著巴阿鄰種的官人納牙，荅亦兒兀孫說：這女子要獻於成吉思。納牙說，咱一同將你女子獻去，你若先去呵，亂軍將你也殺了，女子也亂了。因留住三日，一同來獻成吉思。成吉思因納牙留了三日，大怒著說：仔細問了，號令他。問間，其女子忽蘭說，納牙曾說……。路間因有亂兵，所以留住……。若皇帝恩賜呵，天命父母生得皮膚全有，問我皮膚便了……。就那日將忽蘭試驗呵，果然不曾被污。因此，成吉思甚加寵愛，將納牙放了，說此人至誠，以後大勾當裏可以委付。」按納牙，即納牙阿。

見同前引。

迨日後大封功臣，遂與孛斡兒出，木合里，並受上賞，除爲中軍萬戶。肇因之基，實由乎誠。至其另一開國功臣，四先鋒之一之者別，初受太祖賞識，亦因乎誠。蓋者別嘗阻擊太祖，幾危之。及歸降，詢之，者別坦誠以對。由是，親信日隆。凡此，又皆成吉思汗尚誠之具體表現。

「射戰馬的者別」：「成吉思問者別，闊亦田地面對陣時，自嶺上將我馬項骨射斷的，果是誰？者別說：是我射來，如今皇帝教死呵，止污手掌般一塊地。若不教死呵，我願出氣力……。成吉思說：但凡敵人害了人的事，他必隱諱了不說，如今你卻不隱諱，可以做伴當。」

「忽必來的力成吉思注意別都溫」：「成吉思再對忽必來說：你……與者勒蔑，者別，速別額台四個，如猛狗一般……做先鋒。教孛斡兒出，木合里，孛羅兀勒，赤老溫四傑隨從我。」

八、珍視友誼

蒙人特別重視安荅，即所謂盟友。

「第三次安荅的同盟」：「帖木真，札木合說：聽在前老人每言語裏說：但凡做安荅呵，便是一個命般，不相捨棄，做性命的救護麼道，相親愛的道理是那般。」

也速該因與王罕爲安荅，故嘗解其困危。

見同前引。

札木合與成吉思汗，亦爲安荅。

「帖木真和札木合幼時的安荅」：「帖木真，札木合……，共說了初做安荅時，帖木真十一歲……，在後春間，帖木真……與了札木合兩次做了安荅……。」

後雖因札木合忌太祖勢盛，不唯兩次兵戎相搏於疆場。

「荅蘭巴勒主惕的戰爭」：「札木合因為射殺他弟給察兒，領著他一種并十三部，共三萬人……，要與成吉思廝殺……。成吉思知了，於是他的十三圈子內，也起了三萬人，迎著札木合，到荅蘭巴勒主惕地面對陣。布陣間，札木合軍內……有術能致風雨，欲順風雨擊成吉思軍，不意風雨逆回，天地暗晦，札木合軍不能進，皆墜澗中……，軍遂大潰。」

且當成吉思汗與王罕聯軍，遇乃蠻驍將可克薛兀撒卜剌黑時，乘機離間，致王罕秘密撤退而棄之。

「王罕變心札木合的讒言成吉思歸去」：「成吉思與王罕，征乃蠻種的古出古敦不亦魯黑……回時，有乃蠻種能廝殺的人可克薛兀撒卜剌黑……，整治軍馬要廝殺。成吉思與王罕也整治軍馬，因晚，就相抗著宿了。那夜王罕於自己立處，虛燒著火，欲逆那合剌泄兀勒河起去了。那裏札木合，王罕一同起時，札木合對王罕說：帖木真安荅，在前曾教使臣，於乃蠻行往來有來。今他這早晚，落後了不見來，必是他投降了乃蠻……。當有……古鄰把阿禿兒說：你為甚諂佞？將自己的兄弟讒譖著說。」

復煽動桑昆，擬與之組成聯軍，以襲擊成吉思汗。

「札木合的協議和讒言」：「那成吉思心落後的意思，被札木合覺了，於豬兒年春間，同阿勒壇等商議起了，到……桑昆處讒說：帖木真與乃蠻太陽使臣，往來通話。他口裏雖說父子，動靜卻恁……。若不預先除了，你行如何肯服？若除帖木真呵，我自橫衝入去。阿勒壇，忽察兒說：訶額侖眾兒子每，俺與你殺。」

更又爲汗敵乃蠻之助。

「成吉思迎戰塔陽和札木合的問答」：「成吉思哨望的望見乃蠻軍馬，成吉思整治軍馬排了陣……。隨即將乃蠻哨望的，趕至山前。彼時札木合亦在乃蠻處……。」

然逮其被俘，雖堅決請死。而太祖仍一本舊誼，冀其常在左右。

「札木合為從士所擄成吉思垂憐舊友」：「乃蠻，蔑兒乞的被成吉思收捕之後，札木合在乃蠻處百姓，也被陷了。只有五個伴當，同做劫賊……。五個伴當將他拏了，送與成吉思……。成吉思……卻使人對札木合說：我先曾教你一隻車轅，你分離去了。如今既又相合，可以做伴。但忘了時共提說，睡著時共喚醒。在前你雖有另行，卻是我有福有吉慶的安荅。」

因不可得，遂允其所請，使不出血而死，且厚葬之。

「札木合的慚悔和知命成吉思賜令札木合自盡」：「既說罷，札木合說，咱年少做安荅……，因人將咱離間，所以分離了。想起在前說的言語，自羞面，不敢與安荅相見。如今安荅欲教我做伴當，做伴時不曾做伴，如今你將眾百姓收了，大位子定了，無可做伴。你若不殺我呵……，反使安荅日間心不安，夜間睡不穩……。如今恩賜教快死呵，安荅得心安。倘又教不出血死呵，我死後，於你子孫行，永遠護助者也。成吉思聽了這話說，札木合安荅雖是另行，不曾有真實害咱的言語……。如今教你做伴，你又不肯……，依著你言語，不出血教死者。」

按不出血而死，本草原故俗，唯皇族始克享之。於札木合，蓋殊恩也。《蒙古秘史新譯並詮釋》：「蒙古古俗和薩瞞敬的信仰，認為流血而死，魂靈將被毀滅，或受痛苦。即在今日，流血而死，仍是一種可怕的咒詛。故不流血而死，即成了一種特別恩典。」又註：「不出血死，即是絞刑，十三世紀蒙古對皇族有罪者，不斬首，多因此刑。當時若用於皇族以外的人，自應視為種恩典。」

九、待人仁厚

成吉思汗之先世，朵奔蔑兒干，孛端察兒，皆嘗於貧困時，得人周恤。

「朵奔蔑兒干向兀良哈人索得鹿的燒肉」：「都蛙鎖豁兒死了，他的四箇孩兒，將叔叔朵奔蔑兒干不做叔叔般看待，撇下了他，自分離起去……。在後一日，朵奔蔑兒干……，上山捕獸去，於樹林內，遇著兀良哈部落的人，在那裏將殺了一箇三歲鹿的肋肩肚臟燒著。朵奔篾兒干問他索肉，兀良哈的人，將鹿取下頭皮帶肺子自要了，其餘的肉，都與了朵奔篾兒干。」

「與統格黎河邊的百姓交際」：「都亦連名字的山背後，有一叢百姓，順著統格黎河邊起來。索端察兒每日間放鷹，到這百姓處，討馬嬭吃，晚間回去草庵子裏宿。」

亦嘗救濟他人。

「鹿肉和伯牙兀歹的兒子的交換」：「朵奔篾兒干將得的鹿肉，馱著口去，路間遇著一窮乏的人，引著一個兒子行來……。其人說：我是馬阿里黑伯牙兀歹人氏，我而今窮乏，你那鹿肉將與我，我把這兒子與你去。朵奔篾兒干將鹿一隻後腿的肉與了，將那人的兒子換去家裏做使喚的了。」

太祖早年，阨於泰亦赤兀惕，亦賴鎖兒罕失剌一家，冒死救護，始得脫歸。

「被擄脫逃仰臥在溜道裏」：「塔兒忽台乞鄰勒禿黑，將帖木真拏去，於他百姓內傳了號令，教每營裏住了一宿，徇行著時……，帖木真……將那年小弱的人，用枷梢於頭上打倒……，入斡難河水的溜道裏仰臥著，身在水裏，但露出面來……。鎖兒罕失剌名字的人經過尋時，正見著，說道：正為你這般有見識了，所以……妒害你，你謹慎……，我不告你這般。」

「帖木真避匿鎖兒罕失剌的家裏帖木真被救回歸」：「帖木真……順著斡難河尋鎖兒罕失剌……。到他家裏入去呵……，將帖木真枷開著燒了，於他後面盛羊毛的車子裏藏了……。搜的人去了後，鎖兒罕失剌……與了他一個無鞍……馬，再煮了一個吃兩母乳得肥羔兒……，與了馬嬭子……，這般打發教去了。」

迨統一全蒙，大行封賞，不僅推恩有功，且澤沛孤寡。如早年戰死之忽亦勒荅兒，察罕豁阿，其後人皆受上償。

「察罕豁阿子的恩賞」：「成吉思再對察罕豁阿的子納鄰脫斡鄰說：你父，我跟前謹慎，於荅蘭巴勒主惕地面裏廝殺，被札木合廢了，如今你請受孤獨的賞賜者。」「者折額兒山的戰爭和合荅黑勇士的出力」：「教他領一百人，與忽亦勒荅兒的妻子，永遠做奴婢使喚。因當初忽亦勒荅兒，先說要廝殺的上頭，教他子孫常受孤寡的賞賜。」餘見前引。

故此種濟貧，解危，恤孤，非待人仁厚者何？

十、敬老尊賢

也速該既卒，其部眾，以孤兒寡婦，不足以領導，遂叛去。察剌合老人，以義勸阻負傷，成吉思汗嘗加探視，感泣而出。是太祖幼年，即有尊賢敬老之心。

「訶額侖母子的被棄察剌合的負傷」：「第二日起行時，塔兒忽台……等，果然將他母子每撇下了。當有察剌合名字老人勸時……，不從他勸，起了，又將察剌合老人，背脊上剌了一槍。察剌合老人被傷在家裏臥時，帖木真來看他。老人說：你父親收的并俺眾人的百姓，被他將去，因勸他時，被他傷了。帖木真哭將出去。」

及大封功臣，詔除兀孫老人為別乞。騎白馬，著白衣，位在諸人上。

「合兀孫老人為別乞」：「成吉思說：這駙馬并九十五千戶，已委付了。其中又有功大的官人，我再賞賜他……。成吉思再對兀孫老人說：兀孫……你是巴阿鄰為長的子孫，你可做別乞。做別乞時，騎白馬，著白衣，坐在眾人上面。揀選個好年月，議論了，教敬重者。」

後父蒙力克，亦特詔置位於座右，用示尊崇。

「蒙力克的功」：「成吉思說：這駙馬并九十五千戶，已委付了，其中又有功大的官人，我再賞賜他……。成吉思再對蒙力克說：你自我幼時，作伴到今……。今後坐時，你當在（右）角上坐，或一年，或一月，議論了賞賜你，直至你子孫不絕了。」按多桑蒙古史：「闊闊出父名明里格……，成吉思汗母月倫額格之後夫也。汗待以優禮，常置之座右，位在諸臣上。」

蓋即秘史之蒙力克也。

故非平素篤於尊賢敬老，又安能乃耳！

十一、結論

總之，十三世紀之蒙古宗族，自有其道德標準與倫常觀念，固無殊於中原也。雖有若干奇異風俗，如《蒙韃備錄》所謂：「其俗多不洗手，攫魚肉，手有脂膩，則拭於己袍上。其衣至損，不解浣洗。」然皆因沙漠少水，地勢高寒，而所衣皮毛，又澣浣不易有以致之。即使吾人當此不可抗拒之天然環境，亦復如此。並無殊於中原若干地區之一般人民，甚少沐浴焉。至若《多桑蒙古史》所謂：「除其生母外，常能娶其父之寡婦爲妻。」則因其認爲：「他適，則人笑不能贍其婦。」蓋以昂藏七尺之軀，竟無力若斯，殊引以爲恥，而別有其道德標準使然也。視昔日若干地區之租妻生子，其奇異固亦相若也。所以，吾人對歷史中邊疆宗族之若干奇風異俗，可據史以述，然斷不可稍涉譏評。蓋如此，不徒有悖事理，且有違民族之團結耶。

（原載民國六十七年九月《中國邊政》六十三期）

十三世紀蒙古戰士之裝備

十三世紀的每一蒙古戰士，均攜有鑢、篩、錐、針、線以及帳、釜、皮囊，諸日用之物。

《多桑蒙古史》：「用兵以前，必須檢閱其隊伍，審視士卒之兵械，每人除弓矢斧外，必須攜一鑢，用以礪弩。並攜一篩、一椎、及針線等物。」又謂：「人各攜一小帳，一革囊乳，一鍋，隨身行李，皆備於是矣。」

《馬哥孛羅遊紀》：「他們帶著皮瓶，瓶裏裝喝的奶。」「他們又帶陶器罐，預備煮肉吃。」

冬則衣皮裘皮帽、氈襪皮靴，以禦酷寒。

《蒙古與俄羅斯》：「在冬季攻勢中，蒙古人穿皮衣皮帽，氈襪和皮靴。征服漢土後，他們終年穿線製的內衣。」

因盛產良馬。

《多桑蒙古史》：「其家畜，為駱駝牛羊山羊，尤多馬。」

《蒙韃備錄》：「韃國地豐水草，宜羊馬。」

《岷峨山人譯語》：「胡馬曰母驎，種數皆殊，毛骨自異，所謂飛兔，驃褭，絕足奔放者，多產於彼，不數大宛也。蓋以孳息及時，收放得所，騰踏適性，故耐心（按：辛）苦，易銜勒，能馳驟也。」

故悉爲騎士，而無步卒。

《黑韃事略》：「其軍，即民之年十五以上者，有騎士而無步卒。」

《蒙韃備錄》：「韃人生鞍馬間……，故無步卒，悉是騎軍。」

馬必裝甲，護其胸肩。

《蒙古與俄羅斯》：「戰馬也用皮甲保護其胸部及肩部。」

騎復正馱，人有從馬數匹，故更番輪乘，馬力不疲。

《蒙韃備錄》：「凡出師，人有數馬，日輪一騎乘之，故馬力不困弊。」

《岷峨山人譯語》：「又乘必正馱，謂之正馬馱馬，更番以節其力。」

《黑韃事略》：「其出軍頭目，人騎一馬，又有五六匹，或三四馬自隨，常以準備緩急，無者亦須一二匹。」

鞍爲木製，重僅七八斤，復前豎後平，故不唯極輕巧，且左旋右折而不傷膊。

《蒙韃備錄》：「鞍鞽以木為之，極輕巧。」

《黑韃事略》：「其鞍轡輕簡，以便馳騁，重不盈七八斤。鞍之雁翅，前堅後平，故折旋而髆不傷。」

蹬亦木削，圓而低闊，長不四總，故上下立馬，均爲至順。

《黑韃事略》：「止用白木為鞍橋，鞔以羊皮，蹬亦剜木為之。」又謂：「䡤圓，故足中立不偏。低闊，故靴易入。綴䡤之革，手蹂而不硝，灌以羊脂，故受雨而不爛斷，闊才踰一寸，長不逮四總，故立馬轉身至順。」按：䡤即鐙之異體字。

騎有輕重之別。輕騎兵則攜弓二，箭袋二，箭六十枝，以便遠攻與奇襲。

《蒙古與俄羅斯》：「每一弓箭手，攜有兩支弓，兩個箭袋。」

《馬可波羅行紀》：「應知韃靼人之赴戰也，各人例攜弓一張，箭六十支。其中三十支為輕鏃，鏃小而銳，用射遠追敵。三十支為重鏃，鏃大而寬，用以破膚穿肩，斷敵弓弦，使敵受大害。」

《蒙古與俄羅斯》：「蒙古人將匈奴人之武器及其戰略，發展到極精良的地步。同時亞蘭式的傳統，在蒙古人作戰方法中，也佔重要地位，蒙古人是以重騎兵配合於輕騎兵作戰的。」

《多桑蒙古史》：「蒙古兵善騎射，兩軍未接，即在遠處發矢，視持矛劍骨朵以戰之勇士如無物也。」

重騎兵，則分攜刀、矛、斧、鎚、標槍、套鎖。

《蒙古與俄羅斯》：「重騎兵之戰士，持有軍刀、長矛、及戰斧、鎚矛和一個套索。」

或劍盾、骨朵，俾以近搏與衝刺。

《馬可波羅行紀》：「雙方之眾，各持劍、盾、骨朵、弓矢及各種習用之武器。」

然亦有易馬乘駝，而爲騎士之情形。

《元史》〈本傳〉：「札八兒火者……，每戰被重甲，舞槊陷陣，馳突如飛，嘗乘橐駝以戰，眾莫能當。」

因重弓矢之技，次爲環刀。

《黑韃事略》：「其長技，弓、矢第一，環刀次之。」

故弓皆強勁，種類亦多。

《蒙韃備錄》：「弓必一石以上」

《岷峨山人譯語》：「弓長大，而弦用皮，遇暑雨輒緩慢，故至秋而勁。」

一般爲頑羊角弓，通長三尺。

《黑韃事略》：「有頑羊角弓，角面連把，通長三尺。」

射三百碼，非力逾一六六磅者，不足以挽之。

《蒙古與俄羅斯》：「弓既大且強，拉開至少要一六六磅的氣力……，其破壞力，能達二百至三百碼之間。」

又有大拽弓，射九百步。小拽弓，射五百步。

《元朝祕史》：「訶額侖的一個兒子……，怒時……，大拽弓射九百步，小拽弓射五百步……，名字喚做拙赤合撒兒。」

迨入中原，復造靴車神鳳弩，射八百餘步。

《元文類》〈政典總序・軍器〉：「四年，上都李仲成，造靴車神鳳弩，射八百餘步。」

創摺疊弩，柱子弩，皆強勁而伸縮自如，史稱前世所無。

《元文類》〈政典總序・軍器〉：「其精者，有……摺疊弩，皆前世所未聞。」又謂：「十一年，造絮四石斗力柱子弩，二石斗力。」

矢亦類繁。有駝骨箭，批針箭。

《黑韃事略》：「有駝骨箭，有批針箭」

桃皮箭，髏骨箭。

《蒙古祕史新譯並註釋》：「將我的桃皮箭搭在弦上，我已準備好了。」

《元朝祕史》：「但見蔑兒乞愓人呵，教髏頭箭射者。」

《元朝祕史》：「人若與他相鬥時，隔著空野，用客亦不兒名的箭射呵，將人連甲穿透。」

按：客亦不兒箭，據趙尺子先生解釋，當爲椎形箭。

椎形箭，叉子箭。

《蒙古祕史新譯並註釋》：「發起怒來，拉弓射出叉子箭，能穿過遠山，把十個人，二十個人射透。」

鏃多骨製，亦雜合金。

《建炎以來朝野雜記》：「韃靼止以射獵為生，無器甲，矢用骨鏃而已。」

《黑韃事略》：「箭鏃則以骨，無從得鐵，後來滅回回，始有物產，始有工匠，始有器械。」

《岷峨山人譯語》：「矢亦長大，鏃雜用金。」

沙柳爲桿，鵰羽爲翎。故去而不搖，用易中的。

《岷峨山人譯語》：「矢則，凡虜皆能自造。」又謂：「矢亦長大……，……角羽旋轉為飾，去去而不搖。虜最惜矢，度必中乃釋。」

《蒙韃備錄》：「箭用沙柳為笴手。」

《黑韃事略》：「有……箭，剡木以為括，落鵰以為翎。」

又因其用各殊，故復分爲響箭，用以示驚，指揮。

《黑韃事略》：「有響箭」。

火箭，用以焚敵，攻城。

《元史譯文證補》：「雲梯火箭，百般環攻。」

《多桑蒙古史》：「造發弩機三千，發石機三百，雲梯四千，發火機七百……，以備猛攻。」

輕鏃，則射遠追敵。

《馬可波羅行紀》：「輕鏃，鏃小而銳，用射遠追敵。」

重鏃，則俾以傷敵。

《馬可波羅行紀》：「重鏃，鏃大而寬，用以破膚穿臂，斷敵弓弦，使敵受大害。」

至其環刀，效回回樣。把小而編，故運轉輕靈。

《黑韃事略》：「有環刀，效回回樣，輕停而犀利，靶小而褊，故運掉也易。」

輕薄而曲，故揮之省力而犀利。

《蒙韃備錄》：「刀甚輕薄而彎」。

《多桑蒙古史》：「兵械最備者，並持一微曲之刀。」

槍則有長短之分，刃如鑿形，故擲刺著物不滑，雖重鎧亦爲洞貫。

《黑韃事略》：「有長短槍，刀扳如鑿，故著物不滑，可穿重札。」

《蒙古與俄羅斯》：「其標槍手，亦均善于投中目標。」

復有甲冑，曰頭盔，曰胸甲，曰鎖子甲。

《蒙古與俄羅斯》：「他們的甲冑，包括兜盔，胸甲或鎖子甲。」

《多桑蒙古史》：「蒙古全軍為戰騎，每人有一革製甲一兜一。」

曰柳葉甲，曰羅圈甲。

《黑韃事略》：「其軍器，有柳葉甲，羅圈甲。」

曰蹄筋甲。

《元史》〈孫威傳〉：「善為甲，嘗以意製蹄筋翎根鎧以獻，太祖親射之，不能徹……，帝勞之……，因命諸將衣其甲。」

多爲革製，厚至六重。

《馬哥孛羅遊記》：「身上穿的甲冑，皆是水牛皮，或別種煮過的皮做的，極堅固。」

《黑韃事略》：「有羅圈甲，革六重。」

亦有銅鎧鐵甲。

《蒙古祕史新譯並註釋》：「他的全身鐵甲，是用生銅煉成的，用椎子刺呵，沒有空隙。」

《元朝祕史》：「訶額侖的一個兒子……，披三重鐵甲，三個強牛拽著來也。」

或覆鐵片于革甲之上者。

《多桑蒙古史》：「身衣皮甲，甲上覆鐵片。」

至其盾牌，則有防牌，團牌，枴子木牌。皆以革編篠，或削木而成。

《黑韃事略》：「有防牌，以革編篠，否則，以柳闊三十寸，而長則倍于闊之半。」「有團牌，特前鋒臂之，下馬而射，專為破敵之用。」「有枴子木牌，為攻城避炮之具。」

後有鐵盾，曰鐵圓牌，曰疊盾。

《黑韃事略》：「有鐵團牌，以代兜鍪，取其入陣旋之便。」

《元史》〈孫威傳〉：「子拱……，巧思如其父……。至元十一年，別製疊盾，張則為盾，歛則合而易持。」

《元史》〈孫威傳〉：「伯顏南征，甲冑不足……，先期畢工，且象虎豹，異獸之形，各殊其制，皆稱旨。」

皆鏤有異獸之形。

及有西域，始獲攻堅之具。初則有石砲，威力之強，可發三百磅之石塊。

《馬可波羅行紀》：「所用之砲，可發重三百磅之砲石。」

《蒙古與俄羅斯》：「每機可發重逾三百磅之石，石飛甚遠，同時可發六十石，彼此高射度皆相若。」

《金史》〈赤盞合喜傳〉：「大兵（按：蒙古軍）用砲則不然，破大磑或碌碡為二三，皆用之。」

射至四百碼之遠。

《蒙古與俄羅斯》：「攻城之工具……，可射及四百碼以外之地，它可投擲石塊，投射力很強。」

無堅不摧，入地七尺。

《元史》〈亦思馬因傳〉：「相地形，置砲於城（按：樊城）東南隅，重一百五十斤，機發聲震天地，所擊無不摧陷，入地七尺。」

《續通鑑》：「移破樊攻具，以向襄陽，一砲中其譙樓，聲如震雷，城中洶洶，諸將多踰城降者。」

攻城之時，動輒列砲數百門。

《黑韃事略》：「向打鳳翔，專力打城之一角，嘗立四百座。」

更番發射，晝夜不息。

《金史》〈赤盞合喜傳〉：「每城一角，置砲百餘支，更遞上下，晝夜不息，不數日，石幾與裏城平。」

逮有中原，復有火炮。或曰鵝洞炮。

《蒙韃備錄》：「迫逐（按：俘虜）填塞壕塹立平，或供鵝洞炮座等用。」

或曰紙信炮，或曰西域炮。

《元朝類》〈政典總序、軍器〉：「三十年（按：至元）取江浙省紙信炮。」又謂：「其精者，有西域炮，摺疊弩，皆前世所未聞。」

或曰順風掣金升夷炮。

《元文類》〈征宋〉：「順風掣金升夷炮，燒屋舍，煙焰燎天，城遂破。」

或曰攢竹炮，有多至十五稍者。

《金史》〈赤盞合喜傳〉：「攢竹炮，有至十三稍者。」

《元文類》〈軍器〉：「軍器，有十五稍，九稍，七稍，五稍，三稍炮。」

類別既繁，威力亦大。砲擊火發，幾不可揭禦。

《金史》〈赤盞合喜傳〉：「城上樓櫓，皆故宮及芳華玉谿所拆大木為之，合抱之木，隨擊而碎。以馬糞麥秸布其上，網索旃褥固護之，其懸風板之外，皆以牛皮為障，遂謂不可近。大兵以火炮擊之，隨即延爇，不可撲救。」

更有震天雷，發則其聲震天，爇廣半畝。

《金史》〈赤盞合喜傳〉：「蒙古攻城之具，有火炮名震天雷者，鐵罐盛藥，以火點之，炮起火發，其聲如雷，聞百里外，所爇圍半畝之上，火點著甲鐵皆透。」

凡炮，皆置砲簾、砲棚，以爲炮手安全之計。

《黑韃事略》：「攻城，則有砲，砲有棚，棚有綱索，以為挽索者之蔽。」

《新元史》〈隋世昌傳〉：「世昌立砲簾於樊城柵馬墻外……，宋人列艦江上，世昌乘風縱火，燒其船百餘，樊城兵出，鏖戰柵馬墻下，世昌流血滿甲，勇氣愈壯。」

《多桑蒙古史》：「建砲機三十具，驅俘虜在壕邊，樹薪為壁，置砲壁後，攻之不息。」

此外，又有雲梯，以供攀登。

《元文類》〈征宋〉：「以火砲、石砲、弓弩箭鑿齊發……，豎雲梯登城攻破。」

敖犬，以供守望追蹤。

《岷峨山人譯語》：「虜謂犬曰那害，善追殺狐兔，亦善伺夜，掩襲哨探者，常病之。」

牛皮洞，以便薄城。

《金史》〈赤盞合喜傳〉：「又有牛皮洞，直至城下，掘城為龕，間可容人，則城上不可奈何矣。」

皮囊，以供渡河。

《多桑蒙古史》：「其渡河也，以其攜帶之物，置于革囊之中，繫於馬，人坐囊上。」

鐵甲車，以資山崖之行。

《蒙古秘史新譯並註釋》：「成吉思汗下令，命速別額台攜帶著鐵車，去追脫黑脫阿的兒子們。」

蒙古部隊此種既全且銳之裝備，不獨使之既長遠攻與近搏，復善野戰與攻堅。故多桑教授嘗謂：「夫以少數環重甲之騎士，及無數半數裸露之鄉民，不知戰術，不知服從，統帥不能一致，持此等軍隊，以抗久經戰陣，習知戰術之蒙古輕騎，故每戰必敗。」

（原載民國五十八年一月《大陸雜誌》三十八卷一期）

十三世紀蒙古戰士之戰技

馬克維利曰：「確保戰爭勝利的，不是黃金，而是優秀的士兵。」拿破崙亦謂：「軍人與士兵之第一德性，祇是勇氣，不足，尤須能堅決而持久的忍耐勞苦。」諸葛亮復謂：「有制之兵，無能之將，不可以敗。無制之兵，有能之將，不可以勝。」故十三世紀蒙人之所以能橫掃歐亞，建樹其震古鑠今之武功者，雖因素頗多，然其擁有戰技卓越，堅苦耐勞，及勇敢善戰之士兵，厥為其最大之造因。

蒙人生長鞍馬間。

《蒙韃備錄》：「韃人生長鞍馬間，人自習戰，自春徂冬，旦旦逐獵，乃其生涯。」故騎技之訓，幼即重之。

《黑韃事略》：「其騎射，則孩時，繩束以板，絡之馬上，隨母出入。三歲以索維之鞍，俾手有所執，從眾騁馳。四五歲，挾小弓短矢。」

《岷峨山人譯語》：「唐高適云：胡兒十歲能騎馬。頃見一胡兒，方六歲，籍坡以及鐙，引繩以及鞍，尚未十歲也。」

及其長也，馳則疾如迅雷，飄忽千里。

《黑韃事略》：「其馳突也，或遠或近，或多或少，或聚或散，或出或沒，來如天墜，去如電逝……自邇而遠，俄頃千里。」

《岷峨山人譯語》：「番眾之來，常至數萬，馬復倍之，如雲合電發，飈騰波流，馳突所至，日月為之奪明，丘陵為之搖震。」

《諾勿哥羅編年史》：「天神假蒙古軍，以奪去吾人的力量，使我們為之困惑紛亂。他們來時，活像疾風迅雷，恐怖已極。」

挽轡控馬，雖蹶不墜。

《岷峨山人譯語》：「虜善騎馬，蓋以鞍馬為家也。馳則以兩膝緊夾鞍鞽，以手攬轡，如引千鈞然，即蹶不墜。」

更能手不持韁，跂立不坐，左旋右折，身手運轉，輕靈若飛翼。

《多桑蒙古史》：「騎放箭時，能不持韁而馭之。」《黑韃事略》：「凡其奔驟也，跂立而不。坐故力在跗者八九，而在髀者一二。疾如飈至，勁如山壓，左旋右折，如飛翼。」

唯其深爲知馬，用能察敵騎而知勝負。

《元史》〈察罕傳〉：「遣察罕覘虛實，還言彼馬足輕動，不足畏也。帝命鼓行而前，遂破其軍。」

復因射獵爲生。

《黑韃事略》：「其長也，四時業田獵。」

《建炎以來朝野雜記》：「韃靼止以射獵為生，無器甲，用骨鏃而已。」

故嫻射技。

《元朝名臣事略》〈太師魯國忠武王〉：「太祖日從三十餘騎，行谿谷間，有群賊出草叢中，列射我，矢如雨下……。王引滿向賊，三矢三殪，徐解馬鞍，兩手張翳太祖，麾餘騎射賊，賊引去，由是太祖益重之。」

《元史》〈按竺邇傳〉：「嘗從大獵，射獲數麋，有二虎突出，射之皆死，由是以善射名。」

馳則，能顧左而射右，回首發矢。

《黑韃事略》：「能顧左而射右，不特抹鞦而已。」《蒙古與俄羅斯》：「退去時，回首發矢射敵，射極準，故人大受傷。」

步射則前腿如撇，後腿如瘸。

《岷峨山人譯語》：「射箭法，如向南，左手執弓，令上稍略倒東，掌托靶內，食指勾靶外正中，如鷹嘴狀，餘三指與大指，緊挽靶如拒。右手注矢於弦，食指掩大指，餘三指，緊挽手心，兜弦掠胸而過，以肘緊夾右脇如撕，令上稍平倒西，持滿約而後發，則正而有力。歌訣有曰：前手如拒，後手如撕。前腿如橛，後腿如瘸。」

或八字立腳，步闊而腰蹲。

《黑韃事略》：「其步射，則八字立腳，步闊而腰蹲，故能有力而穿札。」

跬步而猛射。

《元史》〈博爾朮傳〉：「兩軍相接，下令殊死戰，跬步勿退，博爾朮縶馬於腰，跽而引滿，分寸不離故處。」《黑韃事略》：「或臂團牌下馬步射，一射中鏑，則兩旁必潰，潰則必亂，從亂疾入敵。」

因其身穩，其力順，故猛而且強，重鎧亦爲之洞穿。

《岷峨山人譯語》：「射箭欲猛，則中可穿札。」

至其用刀，則俯身平視，刀指馬鬃，待馳過敵，即反手斫之。

《岷峨山人譯語》：「揮刀法，俯身低頭，睨視平勢，刀前指於馬鬃上，馳過敵前，反手用（刀）尖，斫其面目手足。」

揮時欲輕，故腕有餘力。

《岷峨山人譯語》：「揮刀欲輕，則腕有餘力。」

環甲，則上欲鬆，故矢格不入。

《岷峨山人譯語》：「虜云：環甲欲鬆，則矢格而不入。」

腰欲緊，故運轉自如。

《岷峨山人譯語》：「其環甲法：緊繫其腰，腰以上令擁腫。」

兼之天氣酷寒。

《黑韃事略》：「其氣候寒冽，無四時八節。四月八月常雪，風色微變。近而居庸關北，如官山，金蓮川等處，雖六月亦雪。」

《多桑蒙古史》：「韃靼地域，處地甚高，故其氣候，較之歐洲同一緯度之氣候為嚴冽……。攝氏零下二十五度之寒，不少見也。」

故皆習苦耐冷。

《馬哥孛羅遊記》：「他們能怎樣忍受苦難？比任何別族人，要能幹一點。」又謂：「韃靼人能耐勞苦，食少，而能侵略他國，世人無人能及之。」

《多桑蒙古史》：「全年野居，幼稚時即習騎射，其嚴冽氣候之下，習於勞苦。」

《蒙古與俄羅斯》：「蒙古人生來，即習慣於其故鄉的酷寒。其皮裘，亦善于保溫。」

復因鞍馬爲家。

《岷峨山人譯語》：「虜善騎馬，蓋以鞍馬為家。」

用能長騎不疲。

《蒙古與俄羅斯》：「可以說，上天賦給他們非凡的忍耐力，他們可以終日在馬背上，一連數日行走，而僅用極少的食物。」

《金史》〈剌蒲阿傳〉：「兩省及諸將議，四日不見（敵）軍……。已卯，邏騎乃知北軍，在光化對岸棗林中，晝作食，夜不下馬，望林中往來，不五六十步，而不聞音響。」

《馬哥孛羅遊記》：「他們能整夜穿帶甲胄，在馬身上。馬終夜的吃草。」

而其射獵之生活，更使彼等視聽敏捷。

《多桑蒙古史》：「此輩之嗅覺、聽覺、視覺，並極銳敏，與野獸同能。」

善於瞭望與斥候。

《蒙古與俄羅斯》：「每一蒙古人……，都是天生的斥候兵……。能在四英里外看出一個將在樹叢或岩石之後，躲避的人。」

長於偵察與追蹤。

《元朝祕史》：「一日帖木真的慘白騸馬八匹，在家被賊劫將去了……。帖木真……踏著那八個馬的掃道襲將去，行了三宿，那一日清早，路上多馬群中，見一個爽利後生擠馬乳，問他：你曾見慘白馬八匹來麼？那後生說：今早日未出時，有這樣八匹馬，自這裏趕過去了……。說了後，踏著蹤跡，又行了三宿……，見那八個馬，在圈子外立著。」

《龍沙紀略》：「索倫人，善躡蹤，人馬有亡失者，蹤之即得，越數百里，而知蹤之離合，且能辨其日次，亦異能也。」按：追蹤之技，與蒙人同樣卓越。兩段參照，足可相互發明。

且對自然之瞭解——水草之有無，地形之記憶等，則尤爲驚人。

《蒙古與俄羅斯》：「每一蒙古人……，眼光的銳利，對地形的辨別及記憶，均發達到最高程度。」又謂：「對於季節氣候的轉變，水源及草原上的植物，均有極深的知識，這都有益於他們的作戰計劃。」

他如濟河無須舟楫，能手持馬尾，截流而渡。

《多桑蒙古史》：「在般札卜，不用舟梁渡阿姆河。蒙古軍以牛皮裹樹枝作鞄，藏服用軍械於中，繫鞄於身，手握馬尾，隨以泳水，舉軍截流而濟。」

傷則以口吮血，可用火自行療治。

《元朝祕史》：「孛羅忽勒口上帶著血，因斡闊台項上中箭，孛羅忽勒將凝住的血咂去，成吉思汗見了，眼淚流著，心裏艱難了，便用火將斡闊台箭瘡烙了。」

《新元史》〈博爾朮傳〉：「太祖中流矢墜馬，博爾朮擁太祖累騎而行……，遇大雪……，燒石溫其凝血。」

食若無器，則以畜胃盛肉，煨而食之。凡此無不大有助於其戰場之戰鬥。

《馬哥孛羅遊記》：「假如連陶器罐子也沒有，他們就把畜生的胃破開挖空，盛水，把肉切成小塊，放在裏頭，再放在火上煨熟，連肉帶器一齊吃了。」

此外更有圍獵之制。

《蒙古與俄羅斯》：「成吉思汗以它（按：圍獵）為作軍事訓練的基礎，而定為國家的一種制度。」

《蒙古與俄羅斯》：「圍獵就是作戰演習。」

爲一種實兵演習。

用以講習武事，訓練戰技。

《多桑蒙古史》：「成吉思汗在其教令中，囑諸子練習圍獵，以為獵足以習戰。」

《岷峨山人譯語》：「古人田獵，即寓講武，虜嫻弓馬，受此益也。」

獵時，按戰時編組，以數百、千、萬之眾，從數百英里之面積中，構成包圍。

《蒙古與俄羅斯》：「獵者按戰時編制……，於數千英里而積內，構成包圍的大圍。」

《黑韃事略》：「其俗射獵，凡其主打圍，必大會眾，挑土以為坑，插木以為表，維以毳索，繫以氈羽，猶漢兔罝之智，綿亙一二百里間，風颺羽飛，則獸皆驚駭，而不敢奔逸，然後蹙圍攫擊焉。」

《岷峨山人譯語》：「虜善獵，覘獸所在，則集眾合圍，多至萬人，或數千人，或數百人，自疎而密，任其馳騖，所謂百禽凌遽，騤瞿奔觸不較也，惟無使突圍而出爾。度其困乏，乃縱橫射擊之。矢不虛舍（按：捨）鋋不苟躍，僵禽斃獸，爛若積礫。」

每歷時數月之久。

《黑韃事略》：「圍場自九月起，至二月止。凡打獵時，常食所獵之物，則少殺羊。」俾嫻熟各種戰技，斥候，秩序，以及大兵團之協同作戰與運用。

《蒙古與俄羅斯》：「凡從事戰事者，必先訓練使用武器，他必須熟於圍獵，知獵人如何迫近野獸，如何遵守秩序，如何依人數之多寡，包圍野獸。圍獵開始之先，必派斥候，偵察消息。蒙人不從事戰爭之時，就舉行圍獵，使軍隊精於此道。其目的不僅在於圍獵本身，乃在訓練戰士，增強體力，熟于射術。」

《多桑蒙古史》：「蒙古人之圍獵，有類出兵，先遣人往偵野物是否繁眾，得報後，即命周圍一月程地內屯駐之部落，於每十人中簽發若干人，設圍驅獸，進向所指之地。此種隊伍分為右翼、左翼、中軍，各有將統之，其妻妾盡從……各方常遣軍校，以野物之狀況，及驅至何所等事，報告其君主。其始也，獵圍甚廣，嗣後士卒肩臂相摩而進，獵圍逐漸縮小，至所指之地……，獵者應注意其行列，怠者杖之。」

《世界史略》：「蒙古人不作戰時，就以全副精神行獵。他們教育子嗣，如何狩獵野獸，訓練他們如何與牠們搏鬥，養成身力與忍苦耐勞的能力。使他們養成可能遇見如那些不肯放過他們的猛獸一般的敵人，得應付自如。」

故蒙古將士，對於包圍迂迴等戰術戰略之運用，均至爲嫻熟。

《多桑蒙古史》：「夫以少數環重甲之騎士，及無數半裸露之鄉民，不知戰術，不知服從，統帥不能一致，持此軍隊，以抗久經戰陣，習知戰術之蒙古輕騎，故每戰必敗。」

《蒙古與俄羅斯》：「他們的戰略和戰術，都是那些古代草原民族騎兵的精髓。」

而作戰時，勇敢悍戰之戰鬥精神，則尤爲制勝之基。

《岷峨山人譯語》：「俗以貪生為恥，以捐生為把都，即華言好漢也。」又謂：「虜輕生，樂鬥，心一，力猛，技精，膽大，又好野戰，接戰，皆用彼所長，是以常勝。」

《元史譯文證》稱：「成吉思汗嘗謂：在戰爭中，唯不怕死者，才能得勝利，才能不死。怕死者之唯一命運，只是失敗與死。」

《元史》〈鎮海傳〉：「怯烈台氏……師次隆興，與金將忽察虎戰，矢中臆間，裹瘡而出者復數四，軍聲為之大震。」

故成吉思汗選將，輒以驍勇善戰爲主。

《古今中外名將治語錄》：「有包天之勇氣者，必有包天之膽識，故常敢作敢為，敢當大任，敢擊強敵，敢冒大危險，而皆兵事致勝之根本。」又謂：「選將以驍勇善戰者為主，智謀在其次之，有智無勇，其智若無。」

總之，蒙人之生活條件，與戰鬥條件之一致，使其人盡甲士，悉爲精兵。而其嫻于戰術，習于勞苦，戰技卓越，更爲同時其他之民族所未有，用能蓆捲歐亞，形成震鑠百代之武功。故格魯賽評之曰：十三世紀蒙古人戰爭的勝利，成吉思汗諸將，如速不臺、者別、木華黎等的成功，

「並不因其人數之多，實因其戰術之良。」喬治沃爾納德斯基教授亦認為，「於火藥發明之前，很少有國家在作戰戰略與精神，及戰鬥意識上，能有與蒙古同樣的良好騎兵。」

（原載民國五十七年三月《反攻月刊》三一七期）

參考書目

1. 漢、司馬遷：《史記》　一百三十卷　中華書局　四部備要本
2. 東漢、班固：《漢書》　一百卷　中華　四部備要本
3. 宋、范曄：《後漢書》　一百三十卷　中華　四部備要本
4. 北齊、魏收：《魏書》　一百一十三卷　中華　四部備要本
5. 唐、李延壽：《北史》　一百卷　中華　四部備要本
6. 後晉、劉昫：《舊唐書》　二百卷　中華　四部備要本
7. 宋、歐陽修：《新唐書》　二百二十五卷　中華　四部備要本
8. 宋、彭大雅：《黑韃事略》　一卷　正中書局　蒙古史料四種本
9. 宋、孟珙：《蒙韃備錄》　一卷　正中　蒙古史料四種本
10. 宋、徐夢莘：《三朝北盟會編》　二百五十卷　商務　四庫全書珍本六集本
11. 宋、洪皓：《松漠紀聞》　上下卷　廣文書局　史料續編本

12.宋、葉隆禮：《契丹國志》　二十八卷　廣文　史料續編本
13.宋、謝枋得：《疊山集》　十六卷　商務　四部叢刊續編線裝本
14.宋、李燾：《續資治通鑑長編》　五百二十卷　世界本
15.宋、李心傳：《建炎以來朝野雜記》　四十卷　商務　叢書集成本
16.金、元好問：《遺山先生全集》　四十卷附錄一卷　商務　萬有文庫本
17.元、周伯琦：《扈從集》　一卷　商務　四部叢刊初編本
18.元、白挺：《湛淵遺稿》　三卷附錄一卷　藝文印書館　知不足齋叢刊本
19.元、佚名：《元朝祕史》　一冊　商務　人人文庫本
20.元、耶律楚材：《湛然居士集》　十四卷　商務　四部叢刊續編線裝本（原上海版）
21.元、耶律鑄：《雙溪醉隱集》　八卷　商務　叢書集成續編本
22.元、姚燧：《牧庵集》　三十六卷　附年譜一卷　商務　四部叢刊初編本
23.元、王惲：《秋澗先生大全集》　一百卷　附錄一卷　商務　四部叢刊初編線裝本
24.元、柳貫：《柳待制集》　二十卷　目錄一卷　附錄一卷　商務　四部叢刊初編本
25.元、楊允孚：《灤京雜詠》　一卷　商務　叢書集成初編本
26.元、張昱：《可閑老人集》　四卷　商務　四庫全書珍本初集本
27.元、袁桷：《清容居士集》　五十卷　商務　叢集成初編本

28.元、蘇天爵：《元文類》　七十卷　目錄三卷　商務　萬有文庫本
29.元、佚名：《大元聖政國朝典章》　六十卷　附新集　文海出版社　景印光緒本
30.元、劉因：《靜修先生文集》　二十二卷　商務　四部叢刊初編本
31.元、虞集：《道園學古錄》　五十卷　商務　四部叢刊初編本
32.元、佚名：《聖武親征錄》　一卷　正中　蒙古史料四種本
33.元、程鉅夫：《程雪樓文集》　三十卷　國立中央圖書館　元代珍本文集彙刊本
34.元、許有壬：《至正集》　八十一卷　商務　四庫全書珍本八集本
35.元、李志常：《長春眞人西遊記》　二卷　正中　蒙古史料四種本
36.元、黃溍：《金華黃先生文集》　四十三卷　附札記　商務　四部叢刊初編本
37.元、馬祖常：《石田集》　十五卷　商務　四庫全書珍本六集本
38.元、貢師泰：《玩齋集》　十卷　拾遺一卷　商務　四庫全書珍本三集本
39.元、迺賢：《金臺集》　二卷　商務　四庫全書本
40.元、托托：《金史》　一百三十五卷　中華　四部備要本
41.元、托托：《遼史》　一百一十六卷　中華　四部備要本
42.元、楊瑀：《山居新話》　四卷　商務　四庫全書本
43.元、白珽：《湛淵集》　一卷　商務　叢書集成本

44.元、葉子奇：《草木子》　四卷　廣文　清光緒本
45.元、周權：《此山詩集》　十卷　商務　叢書集成續編本
46.元、胡助：《純白齋類稿》　三十卷　商務　叢書集成初編本
47.元、張翥：《蛻菴集》　五卷　商務　四庫全書珍本五集本
48.元、吳當：《學言稿》　六卷　商務　四庫全書珍本三集本
49.元、忽思慧：《飲膳正要》　三卷　商務　人人文庫本
50.元、王沂：《伊濱集》　三十四卷　商務　四部叢刊初編本
51.元、侯克中：《艮齋詩集》　十四卷　商務　四庫全書珍本初集本
52.元、周伯琦：《近光集》　三卷　商務　四庫全書珍本二集本
53.元、劉郁：《西使記》　一卷　文源　學海類編本
54.元、蘇天爵：《元朝名臣事略》　十五卷　商務　叢書集成初編本
55.元、薩都剌：《雁門集》　三卷　集外詩一卷　商務　四庫全書本
56.元、薩都剌：《薩天錫前後集》　兩冊　商務　四部叢刊初編線裝本
57.元、揭傒斯：《文安集》　十四卷　商務　四部叢刊初編線裝本
58.元、耶律楚材撰，盛如梓刪略；清、李文田注：《西遊錄注》　一卷　商務　叢書集成初編本
59.明、宋濂：《元史》　二百一十卷　開明　二十五史本

60. 明、李賢：《大明一統志》 九十卷 文海本
61. 明、沈節甫：《國朝紀錄彙編》 二百一十六卷 民智書局本
62. 明、宋濂：《宋文憲公全集》 五十三卷 中華 四部備要本
63. 明、尹耕：《岷峨山人譯語》 一卷 民智書局 國朝紀錄彙編本
64. 明、蕭大亨：《夷俗記》 一卷 新興書局 廣百川學海本
65. 明、陶宗儀：《輟耕錄》 三十卷 商務 叢書集成初編本
66. 明、金幼孜：《北征錄》 一卷 新興 廣百川學海本
67. 明、葉茖山：《歷代宮詞》 四卷 廣文 文學叢書本
68. 明、陶宗儀：《元氏掖庭侈政》 一卷 藝文 百部叢書集成本
69. 明、李時珍：《本草綱目》 五十二卷 商務 四庫全書本
70. 清、嵇璜：《續通典》 一百五十卷 商務 萬有文庫第二集本
71. 清、李鴻章：《畿輔通志》 三百卷 商務本
72. 清、嵇璜：《續通志》 六百四十卷 商務 萬有文庫第二集本
73. 清、李文田注：《元朝祕史》 十五卷 商務 叢書集成初編本
74. 清、張鵬翮：《奉使俄羅斯行程錄》 一卷 商務 叢書集成初編本
75. 清、齊召南：《水道提綱》 二十八卷 文海 中國水利要集叢編第一集本

76.清、康熙敕撰：《御製親征平定朔漠方略》　四十八卷　成文　中國方略叢書本
77.清、方式濟：《龍沙紀略》　一卷　藝文　百部叢書集成　學津討原本
78.清、魏源：《元史新編》　九十五卷　愼微堂刊本
79.清、洪鈞：《元史譯文證補》　三十卷　商務　叢書集成初編本
80.清、楊賓：《柳邊紀略》　一卷　廣文　史料叢編本
81.清、嵇璜：《續文獻通考》　二百五十卷　商務　萬有文庫第二集本
82.清、畢沅：《續資治通鑑》　二百二十卷　啓明書局本
83.清、陳衍：《元詩紀事》　四十五卷　商務　萬有文庫本
84.清、姚之駰：《元明事類鈔》　四十卷　商務　四庫全書珍本初集本
85.清、沈增植箋註：《敕譯蒙古源流》　八卷　文海　中國邊疆叢書本
86.清、穆彰阿：《嘉慶重修大清一統志》　五百六十卷　商務　四部叢刊本
87.清、張穆：《蒙古游牧記》　十六卷　商務　人人文庫本
88.清、金志節：《口北三廳志》　十七卷　成文　中國方志叢書本
89.清、西清：《黑龍江外紀》八卷　成文　中國方志叢書本
90.清、錢良擇：《出塞紀略》　一冊　廣文　史料叢編本
91.王國維：《觀堂集林》　二十卷　藝文印書館本

92.柯劭忞：《新元史》　二百五十七卷　開明書店　廿五史本
93.張其昀監修：《元史》　四冊　華岡出版公司　新刊本
94.姚從吾：《姚從吾先生全集》　七冊　正中本
95.趙尺子：《伊克昭盟志》　一冊　蒙藏委員會本
96.蕭天石：《世界名將治兵語錄》　一冊　自由出版社本
97.馮承鈞譯：《多桑蒙古史》　兩冊　商務本
98.馮承鈞譯：《蒙古史略》　一冊　商務　人人文庫本
99.張星烺譯：《馬哥孛羅遊記》　一冊　商務　人人文庫本
100.陳捷譯：《元朝制度考》　一冊　商務　人人文庫本
101.馮承鈞譯：《馬可波羅行紀》　兩冊　商務本（原上海版）
102.札奇斯欽：《蒙古秘史新譯並註釋》　一冊　聯經本
103.札奇斯欽譯：《蒙古與俄羅斯》　上下冊　中央文物供應社　現代國民知識叢書本
104.姚從吾：《張德輝「嶺北紀行」足本校註》　一冊　台大文史哲學報第十一期印本
105.宋哲元：《察哈爾通志》　二十八卷　文海　中國邊疆叢書二輯本

元代蒙古文化論集／袁國藩著．-- 二版．-- 臺北市：
臺灣商務，2004[民 93]
面：　公分
參考書目：面
ISBN 957-05-1860-X（平裝）

1. 蒙古族 - 文化 - 論文，講詞等　2. 文化史 - 中國 - 元（1260-1368）- 論文，講詞等

639.357　　　　93004502

元代蒙古文化論集

定價新臺幣 300 元

著作者　袁國藩
責任編輯　李俊男
美術設計　吳郁婷
校對者　楊福臨
發行人　王學哲

出版者
印刷所　臺灣商務印書館股份有限公司
臺北市 10036 重慶南路 1 段 37 號
電話：(02)23116118・23115638
傳眞：(02)23710274・23701091
讀者服務專線：0800056196
E-mail：cptw@ms12. hinet. net
網址：www. commercialpress. com. tw
郵政劃撥：0000165 — 1 號
出版事業登記證：局版北市業字第 993 號

・1973 年 2 月初版第一次印刷
・2004 年 5 月二版第一次印刷

ISBN 957-05-1860-X（平裝）　12440050

讀者回函卡

感謝您對本館的支持，為加強對您的服務，請填妥此卡，免付郵資寄回，可隨時收到本館最新出版訊息，及享受各種優惠。

姓名：________________ 性別：□男 □女

出生日期：_____年_____月_____日

職業：□學生 □公務（含軍警） □家管 □服務 □金融 □製造
□資訊 □大眾傳播 □自由業 □農漁牧 □退休 □其他

學歷：□高中以下（含高中） □大專 □研究所（含以上）

地址：□□□________________

____

電話：（H）________________（O）________________

E-mail:________________

購買書名：________________

您從何處得知本書？

□書店 □報紙廣告 □報紙專欄 □雜誌廣告 □DM廣告
□傳單 □親友介紹 □電視廣播 □其他

您對本書的意見？（A/滿意 B/尚可 C/需改進）

內容_______ 編輯_______ 校對_______ 翻譯_______

封面設計_______ 價格_______ 其他________

您的建議：________________

____

____

臺灣商務印書館

台北市重慶南路一段三十七號 電話：（02）23116118 · 23115538

讀者服務專線：0800056196 傳真：（02）23710274 · 23701091

郵撥：0000165-1號 E-mail：cptw@ms12.hinet.net

網址：www.commercialpress.com.tw